DAVE

COMMENT NE PAS ÊTRE AMOUREUX DE VOUS

Mémoires

TALENT ÉDITIONS
115 rue de l'Abbé Groult, 75015 Paris

Photo de couverture : © DR

ISBN : 978-2-37815-335-9

DAVE

COMMENT NE PAS ÊTRE AMOUREUX DE VOUS

Mémoires

Avec Thibaut Geffrotin

Talent Éditions

SOMMAIRE

AVANT-PROPOS

OUF, c'est toute ma vie, il s'en est fallu de peu que ça s'arrête. Ce matin du 29 janvier 2022, je me réveille groggy dans un lit d'hôpital, Patrick Loiseau mon compagnon a le visage dévasté d'inquiétude. Je ne sais pas encore ce que je fais là et je suis loin d'envisager quelles vont en être les conséquences sur ma vie.

Accompagnés de notre chienne Clara, Patrick et moi effectuons comme souvent quelques courses dans le quartier, quand il me demande soudain :

— Au fait, tu as appelé Daniel pour son anniversaire ?

— Non, c'était quand ?

— Hier, puisqu'on est le 25.

— M… avec toute cette promo pour l'album, j'ai oublié !

Je l'appelle dès qu'on arrive à la maison.

Mes jours précédents ont été plutôt occupés, et la matinée entière a été consacrée à une longue interview à domicile pour l'émission de TF1 « 50 Minutes Inside » présentée par Nikos Aliagas, en présence de nombreux techniciens, lesquels ont quitté les lieux à la mi-journée.

Il est environ 16 heures. Patrick et moi terminons nos achats et rentrons comme prévu.

Je me dis qu'il faut que j'appelle Daniel, me trouvant comme excuse d'avoir laissé passer son anniversaire, qu'il lui arrive de me le souhaiter avec deux ou trois jours de retard.

Je n'ai aucun souvenir de la chute. J'ai sorti un jean de la machine à laver et je suis monté à l'étage pour l'étendre. Comme j'ai tendance à tout faire trop vite, j'ai couru dans l'escalier, trébuché sur une marche plus haute que les autres et, en l'absence de balustrade, j'ai basculé en arrière, de trois mètres de haut !!!

Je m'imagine que Patrick a sursauté en percevant un bruit qu'il n'avait jamais entendu de sa vie. Il a dû se demander ce qui était tombé. C'était moi. En me trouvant gisant au sol, il a découvert un cadavre. J'étais inconscient. Visage blanc comme linge, des traces de sang. Totalement déboussolé, il a appelé les gardiens qui ont contacté les pompiers ! Ils m'ont amené en urgence à l'hôpital militaire Percy à Clamart.

Traumatisme crânien, hémorragie cérébrale. Pompiers, SAMU, hosto, pronostic vital engagé.

Dans les heures qui suivent, plongé dans le coma, les nouvelles que l'on donne à Patrick ne sont pas rassurantes, au contraire. Les amis proches, Marco, Daniel et Michel se déplaceront aussitôt pour venir au chevet d'un quasi moribond intubé de partout et dont personne ne sait s'il reprendra conscience.

J'ai passé quatre jours dans le coma. En me réveillant, j'ai paraît-il, prononcé quelques phrases obscènes à la neurologue bulgare. Patrick était rouge de honte. Elle l'a rassuré en lui expliquant que c'était souvent le cas des gens qui sortaient d'un coma ! C'est vrai que j'avais déjà dit quelques bêtises après le réveil d'anesthésie à la suite d'une opération de double pontage en 2011 à l'hôpital Saint-Louis à Paris.

En salle de réveil, je me souviens avoir saisi mon téléphone portable pour appeler le Professeur qui m'avait opéré avec succès.

— Allô, professeur ?

— Dave, comment vous sentez-vous ?

— Professeur, c'est inadmissible. Une infirmière et un aide-soignant sont en train de copuler au pied de mon lit !

— Dave, vous délirez...

Je racontais n'importe quoi. Mais je ne mentais pas ! J'avais la certitude que ce que mon imagination me donnait à voir, était réel. Le médecin m'avait alors expliqué que les hallucinations pornographiques étaient courantes au réveil des comas.

Après un mois d'hospitalisation, je suis donc rentré à la maison, c'est là que j'ai réalisé que je devrai tirer un trait sur une bonne partie des plaisirs de la vie. En pointillé, j'espère… j'ai perdu toute sensation de goût et d'odorat. Comme la nourriture des hôpitaux est toujours fade, je n'y avais pas prêté attention. Je pensais naturellement que chacun des plats qui m'était servi était insipide. Et, j'ai aussi découvert que ma mémoire immédiate est défaillante. Il m'arrive de ne plus me souvenir d'un appel, si un artiste est encore vivant, ou du nom de mes célèbres voisins. Heureusement, mes souvenirs anciens sont intacts mais j'ai peur de ne pas me souvenir des lignes que j'écris pour mes mémoires.

Dans la vie, avec la musique, j'ai toujours eu ces plaisirs – dans le désordre : la cuisine, la gastronomie, le vin, la lecture, le sexe, les voyages. J'avoue que j'espère recouvrer tous mes sens. Le temps que ce livre soit imprimé et arrivé entre vos mains. J'avoue aussi que de mes débuts à faire la manche, au sommet d'une carrière de chanteur à succès, et à ses creux, je n'aurais jamais imaginé avoir une telle trajectoire, qui par bonheur m'a permis de rencontrer Patrick. Je n'y changerais pas une ligne.

MON ENFANCE AUX PAYS-BAS

Le jour de ma naissance, mon père n'était pas là. Il se cachait des milices allemandes nazies.

Juif, mon père était issu d'une fratrie de quatre enfants. Ses deux frères ont péri en déportation à Auschwitz. Sentant le souffle du danger, sa sœur a fui aux États-Unis avec son mari banquier. Mon père, lui, a évité les premières rafles, car il avait eu la « chance » d'épouser une non-juive – ma mère. Hendrik Levenbach s'était même converti au protestantisme. Il était donc devenu chrétien. Cependant, à la fin de l'année 1943, les nazis ont commencé à rafler tous les juifs de naissance, sans distinction. In extremis, mon père a eu le temps de mettre ma mère enceinte – de moi ! – avant de partir se cacher. Je suis né huit mois avant l'*hiver de la faim*, tel qu'on le nomme aux Pays-Bas. Il régnait un froid de gueux et la famine frappait à toutes les portes. Sans les revenus de mon père officiellement porté disparu, ma mère a vécu une période terriblement éprouvante. Seule, elle devait élever et nourrir trois jeunes enfants : mon frère aîné Maarten, né en 1940 ; ma sœur Elsbeth, née en 1942 ; et moi, donc, le 4 mai 1944. Je sais que ma pauvre mère en a bavé et qu'elle s'est sacrifiée pour ses enfants.

Plus tard, au cours de mon enfance, il a été décrété que j'avais souffert de malnutrition, à cause de cette période. Au lycée, j'en profitais pour prétendre des maux de ventre imaginaires, afin d'éviter les cours qui ne m'intéressaient pas. C'était mon passe-droit pour avoir mal débuté dans la vie. Plutôt que d'aller en classe, j'écoutais chaque matin *Arbeidsvitaminen* (« La vitamine du travail »), une de mes émissions de radio préférées. En 1975, je passais moi-même dans *Arbeidsvitaminen* après la sortie de *Dansez maintenant* : je n'avais plus mal au ventre…

Mon prénom n'est ni Dave, ni David. Je m'appelle Wouter (Gauthier en français). En pleine Seconde Guerre mondiale, il était évidemment impensable de nous attribuer des prénoms bibliques. Imaginez si mes parents m'avaient appelé Moïse ! Quand mon petit frère, Lucas, est né, en 1946, les Allemands avaient déjà perdu la guerre. Mon père est rentré à Amsterdam une fois l'armistice signé. Il ne m'a jamais raconté ses mois de cavale en détail. C'était un sujet tabou. Je sais simplement qu'il était caché dans une ferme du village d'Ermelo. Un jour, nous étions passés à proximité et il nous l'avait signalé.

Curieusement, mon deuxième prénom est Otto, le même que celui de mon père et de mes deux frères. J'ai hélas oublié de lui demander pourquoi…

Dès la fin de la guerre, nous n'avons plus jamais manqué de rien à la maison.

Mon père, professeur d'anglais, et ma mère, ancienne danseuse étoile reconvertie professeure de danse classique, gagnaient correctement leur vie. Ni riches, ni pauvres.

Cependant, grâce à la famille aisée de mon père – spécialisée depuis un siècle dans la production de cuir –, nous vivions dans un grand appartement dans un quartier chic d'Amsterdam. Cela ressemblait au XVIe arrondissement de Paris. Avec mes frères et sœur, nous jouions dans un jardin intérieur. C'était une vie confortable.

À la mort de mes grands-parents, mon père a hérité d'une petite fortune, ce qui lui a permis de faire construire une maison à Blaricum, à trente kilomètres d'Amsterdam. C'est un village un peu bourgeois, avec beaucoup de pavillons résidentiels, à l'image de la commune de Garches dans les Hauts-de-Seine. Avec son salaire de professeur d'anglais, mon père n'aurait jamais pu s'offrir une telle maison.

Je me souviens vaguement de notre déménagement, quand j'avais 8 ans. Mon frère Maarten souffrait de sérieux problèmes d'asthme : dépourvu d'autres ressources, le médecin avait prescrit une vie au milieu de la nature, parmi les arbres. Nous avons donc vécu à la campagne, avec un grand jardin. Le dimanche, nous aidions ma mère à ramasser les asperges et les petits pois, ce qui ne nous amusait guère. Je pestais quand il s'agissait de tondre le gazon…

De ma nouvelle école primaire – un établissement tout neuf, avec des briques rouges typiques des Pays-Bas –, je me souviens surtout du directeur. Comme il avait souvent la braguette légèrement teintée de jaune, nous le surnommions *Kraantje Lek*, c'est-à-dire « robinet qui fuit ». Heureusement qu'il ne nous a jamais entendus…

Ma classe était assez homogène, avec un mélange d'enfants issus de familles très aisées et d'enfants d'agriculteurs locaux. Il n'y avait aucun sectarisme. J'avais été très surpris, en allant déjeuner chez mon copain Albert, que l'on tartine le pain de graisse de porc. C'était une coutume paysanne que j'ignorais en tout point. Une autre fois, en me rendant à l'anniversaire d'un autre camarade, fils d'un pilote de ligne, j'avais goûté pour la première fois au Coca-Cola. Tout fier, j'avais raconté ma découverte le soir même, à 19 heures – on mange tôt, aux Pays-Bas –, à mes parents et mes frères et sœur, autour de la table du dîner.

— J'ai bu du Coca cet après-midi, c'était délicieux !

— Quoi ?!

Mon père s'était presque étouffé, effrayé de ce qu'il entendait. À ses yeux, seules deux boissons étaient convenables : l'eau et le vin.

Dans les années 1950, même le vin était rare aux Pays-Bas, mais mon père y avait pris goût lors de son séjour dans le sud de la France. du côté de Montpellier, la ville du cuir. Ainsi, il servait du vin à table tous les dimanches. Sinon, les Néerlandais étaient plus habitués à la bière – aujourd'hui, le vin s'est bien sûr démocratisé.

Au fil du temps, l'argent de la succession a été dilapidé, mais il a quand même permis à notre famille de vivre audessus de ses moyens, dans une grande villa inaccessible pour n'importe quel professeur.

Avant de se marier, ma mère s'appelait Alie Uilham. J'utilise parfois son nom de jeune fille en guise de pseudonyme sur internet – mes plus grands fans le savent. Contrairement à mon père, Alie n'avait pas un sou d'héritage. Elle était issue d'une famille ouvrière. Mon grand-père maternel était socialiste et anticlérical. Un jour, j'avais surpris une conversation entre mon père et ma mère. Je n'ai jamais osé lui dire, et je n'en ai jamais parlé publiquement avant aujourd'hui, mais j'avais été très choqué par les propos de mon père :

— Laisse tomber tes parents… C'est pas le même milieu que nous.

Sa réponse fut :

— Comment oses-tu…

Et je suis tout à fait d'accord avec ma mère.

Comment peut-on infliger cette remarque à sa propre épouse ? Encore aujourd'hui, j'ai honte pour mon père. C'était un snob, qui fréquentait des industriels ou chefs d'entreprise beaucoup plus fortunés que lui. Il aimait ce milieu. Peut-être vous demandez-vous ce qui l'attirait chez ma mère, malgré ses *a priori* ? Hendrik Levenbach avait succombé au profil d'artiste de ma délicieuse maman. Ancienne danseuse de ballet, elle était belle et séduisante. Elle a arrêté la danse professionnelle en tombant enceinte de mon petit frère. Elle a ensuite commencé à donner des cours de ballet à Blaricum. Comme c'est une activité « classe », cela plaisait beaucoup aux nombreux bourgeois du village. J'ai pris des cours chez ma mère pendant quelques leçons, mais je me suis rapidement rendu compte que le football me plaisait beaucoup plus ! Dans la cour, j'étais un petit caïd bagarreur, ce qui allait mieux avec le foot que la danse ! Quoi qu'il en soit, cela ne dérangeait pas ma maman, qui me répétait toujours :

— Tu chantes aussi bien que tu danses mal !

Au foot, je me débrouillais plutôt bien. Je n'avais ni l'efficacité de Johnny Rep ni le talent de Johan Cruyff, mais je courais d'un bout à l'autre du rectangle vert. Je jouais milieu de terrain…

Quand j'étais petit, j'adorais le football, quand mon frère Lucas préférait le hockey sur gazon, très répandu dans la bourgeoisie hollandaise. Cela s'apparente un peu à la pratique du golf en France. Mon père était très fier que l'un de ses fils évolue à Laren, un club chic de hockey, au milieu des enfants de chefs d'industrie. Moi, je jouais au foot avec les fils d'ouvriers, et cela m'allait très bien.

Mon père avait pourtant été footballeur dans sa jeunesse, à l'époque où c'était encore un sport chic, dans les années 1920. Né en 1906, il évoluait à l'AFC, l'*Amsterdam Football Club* – un concurrent local de l'*Ajax*, club mondialement connu pour ses succès européens, son maillot, son style de jeu et Johan Cruyff. L'AFC n'a jamais connu la même notoriété, mais c'était un club très classe. Pour me faire plaisir, mon père m'emmenait parfois au stade quand j'avais 6 ans.

À mes yeux, le hockey sur gazon était plus violent et dangereux que chic. Je n'ai jamais cessé d'aimer le football. Quand Patrick Loiseau et moi avons envisagé de vivre ensemble, au début des années 1970, il m'avait prévenu :

— Tu regardes le foot, tu bois de la bière et tu fumes des cigares, je ne peux pas habiter avec toi !

Quand on est amoureux, on peut faire des concessions, n'est-ce pas ? Depuis cinquante ans, je ne bois que peu de bière et je ne regarde pas le foot à la télé. En revanche, dès que je suis à l'hôtel, je regarde des matches dans ma chambre d'hôtel. Comme je suis souvent en tournée l'été, je ne manque jamais les coupes du monde. C'est toujours mieux que de tromper mon compagnon. Cela dit, l'un n'empêche pas l'autre… mais il faut trouver une fille qui aime le foot !

Le football me fait pleurer et rire à la fois. C'est un sport qui me parle.

Malgré la qualité du jeu des Pays-Bas dans les années 1970, j'étais assez étranger au phénomène Johan Cruyff. Quand on vit à l'étranger, on perd le contact avec son pays d'origine.

Au début d'une coupe du monde, je soutiens mes deux pays. Je mange à tous les râteliers ! J'ai deux fois plus de chances que les autres de remporter la coupe…

Souvent, RTL organisait des déplacements de chanteurs de variétés pour aller à Saint-Étienne soutenir les Verts, à Geoffroy-Guichard. J'ai souvent vu jouer Johnny Rep, l'attaquant néerlandais.

Un soir, je l'ai rencontré à L'Élysée-Matignon, la discothèque à la mode. Nous avons beaucoup discuté. C'était très agréable, mais je ne savais pas que le meilleur buteur néerlandais en coupe du monde me provoquerait – indirectement – du souci.

Quand Johnny a quitté l'AS Saint-Étienne, il a omis de payer les impôts qu'il devait au fisc français ! À cause de lui, j'ai eu un contrôle fiscal ! Le percepteur m'a avoué qu'après le coup de Trafalgar de Johnny Rep, le ministère des finances se méfiait des autres personnalités néerlandaises qui vivaient dans l'Hexagone. Johnny Rep a créé de toutes pièces une réputation d'escroc !

En ce qui me concerne, j'étais quasiment en règle. Cependant, comme beaucoup d'artistes, j'avais une conseillère fiscale. Celle-ci s'occupait de mes déclarations, mais aussi de celles de Demis Roussos, Gérard Lenorman… et d'autres vedettes. Pour déclarer nos frais réels, elle mettait en commun tous nos frais afin de gonfler les exonérations de chacun. Cette petite magouille m'a ainsi conduit en salle d'interrogatoire des impôts, rue de Turenne. Face aux enquêteurs, j'ai « fait Mireille Mathieu » : joué l'imbécile qui ne sait rien et ne comprend rien. Quoi qu'il en soit, je me suis retrouvé avec des pénalités de plusieurs centaines de milliers de francs. Merci Johnny Rep !

Après cela, j'ai remplacé ma conseillère fiscale par un ancien inspecteur des impôts d'origine arménienne, pour éviter ce genre de mésaventure.

Depuis, j'ai aussi appris qu'il n'est pas nécessaire de payer plein pot la suite présidentielle d'un hôtel ou des sièges d'avions en première classe. Dès qu'elles reçoivent une célébrité, les compagnies surclassent souvent. On finit même parfois dans la cabine du pilote pour admirer les nuages !

Revenons à mon père. Je l'ai critiqué en lui reprochant d'être snob. Cela n'empêchait pas ses qualités. Mon papa avait pour lui l'humour, l'intelligence, et un certain goût pour la musique.

Savez-vous ce qu'on appelle le piano du pauvre ?

Il s'agit de l'accordéon.

Le piano du pauvre, c'est une chanson de Léo Ferré[1].

Le piano du pauvre
Se noue autour du cou
La chanson guimauve
Toscanini s'en fout
Mais il est pas chien
Et le lui rend bien
Il est éclectique
Sonate ou java
Concerto polka
Il aime la musique

Cette chanson est devenue un grand succès grâce à Catherine Sauvage, la grande vedette des années 1950, qui interprétait presque exclusivement des compositions de Léo Ferré.

Pourquoi est-ce que je vous parle de cette chanson ? Car je l'ai interprétée à l'école primaire. Mes parents avaient conscience de ma voix « surprenante » et ont eu la gentillesse de me payer des cours de chant. À Blaricum, le professeur avait décelé le potentiel de ma voix, dès l'école primaire.

1. Label Odéon, 1954.

Je suis resté inscrit à ses leçons jusqu'à la mue de ma voix. Ensuite, quand la voix se promène entre le soprano de l'enfant et les tons graves de l'homme, on ne peut plus la faire travailler. À ce moment-là, j'ai saisi une guitare pour développer ma panoplie et reprendre les standards américains des Everly Brothers, d'Elvis Presley, de Roy Orbison… Mes parents détestaient le rock. Moi, j'adorais ! J'avais 15 ans quand le rock'n'roll a envahi l'Europe.

C'était très *teenager music*, « yéyé », comme on dit en français. J'aimais cette activité, mais je n'imaginais absolument pas en faire mon métier.

Le dimanche, mon père et moi allions – sans le reste de la famille – à l'église protestante libérale[2]. Ni ma sœur ni mes frères ne voulaient en entendre parler, et ma mère avait reçu une éducation anticléricale. C'était assez étrange pour un enfant de mon âge, mais j'étais très branché « Bible ».

À l'âge de 14 ans, je jouais le rôle de maître d'école pour enseigner la Bible aux enfants de 6 à 8 ans. À l'adolescence, j'avais décidé de devenir pasteur.

Dave, pasteur ? Cela vous amuse ?

Je vous explique.

Notre pasteur était une femme, et je la trouvais très jolie. Je n'étais pas spécialement amoureux d'elle, mais je l'admirais. Je rêvais de la remplacer. Pourquoi ? Parce qu'elle

2. Aux Pays-Bas, il existe plusieurs églises protestantes, avec des liturgies différentes.

parlait et que les autres écoutaient. Ce sentiment de domination m'attirait beaucoup. C'est un raisonnement très égocentrique pour un adolescent, je sais... Toutefois, cela ne posait pas de problème à mon père, qui était ravi que l'un de ses enfants s'engouffre dans des études de théologie. Il m'a inscrit au Gymnasium, le lycée classique, avec dix heures de grec ancien et dix heures de latin par semaine, plus douze heures de langue moderne, français, anglais, allemand. J'ai donc suivi une formation très linguistique. Aux Pays-Bas, tout est fait pour que les jeunes maîtrisent les langues étrangères. De plus, j'ai toujours été plus doué pour les lettres que pour les chiffres. J'ai toujours adoré la lecture.

Dès que je voyage à l'étranger, je fais l'effort de m'exprimer dans la langue du pays dans lequel je me trouve. Si je m'exprime pas mal en italien, je ne parle pas l'espagnol. Alors si je me trouve en Espagne ou en Argentine, je ne vais jamais râler à propos de quelque chose qui ne me plaît pas dans mon hôtel, ou dans un restaurant, car je n'aurais pas envie de le faire en anglais. Se plaindre sans être capable de le faire dans la langue maternelle de son interlocuteur me dérange !

À l'église, je chantais lors des fêtes de Noël. À la maison, idem. Mes parents me suggéraient de chanter pour nos invités du dimanche. Je me suis donc rapidement aperçu que ma voix provoquait son petit effet sur ses auditeurs.

En primaire, je suis tombé éperdument amoureux d'une nouvelle écolière, Saskia H. Elle était née avec une cuillère d'argent dans la bouche, mais ce n'est pas pour cette raison que je l'aimais. Elle était dotée du genre de beauté qui m'émeut encore aujourd'hui. Comme j'étais un petit bagarreur, j'empêchais tous mes camarades de l'approcher. Quand on a 11 ans, les sentiments amoureux peuvent être extrêmement forts. Comme je parlais beaucoup à Dieu (je lui reparle depuis ma chute en 2022, mais il ne me répond toujours pas), je le suppliais d'opérer une réciprocité de mes sentiments sur Saskia. Cette dernière n'était pas la plus loyale : j'étais son petit copain durant l'été, car j'étais le meilleur nageur de l'école. En revanche, dès que les lacs et les canaux glaçaient au gré de l'hiver, la jolie fille aux cheveux châtain clair m'abandonnait pour se jeter dans les bras du meilleur patineur, bien consciente que mes compétences sur glace étaient nulles. Ma voix de chanteur n'était pas mon arme de séduction. C'est mon rôle de chef de bande qui avait plu à Saskia et à son joli visage piquant.

Quand je repense à l'adolescent que j'étais, je me trouve insupportable. Quand les vacances vidaient les rues bourgeoises, je profitais de l'absence des propriétaires de grandes villas pour y casser un carreau et visiter ces immenses maisons. J'étais un petit con ! Je me souviens du jour où mon professeur d'histoire avait fait passer dans la classe une carte postale représentant une sorte d'icône persane. Quand je l'ai eue entre les mains, j'ai saisi un feutre et dessiné grossièrement dessus. Un petit con ! C'était nul de faire ça. J'étais un adolescent immature…

Je n'étais pourtant pas un mauvais élève.

Mais à l'âge de 14 ans, j'ai été renvoyé du Gymnasium car j'avais envoyé une boule de neige sur la tête du directeur. À l'intérieur de la boule de neige était cachée une pierre, mais je jure sur la tête de Patrick Loiseau que je l'ignorais ! Comme je ne pouvais pas le prouver, le directeur ne m'a pas cru, et j'ai été envoyé dans un autre lycée. C'était encore un lycée classique. Au Gymnasium, j'avais redoublé deux fois car je ne travaillais pas assez. Après un mois dans mon nouvel établissement, les professeurs se sont rendu compte que je pouvais sauter une classe car mon niveau était bon. Malgré mon jeune âge, j'ai compris que je devais saisir cette chance et je me suis tenu à carreau, même si je rechignais toujours pour le travail à la maison. Ce lycée était situé tout près du palais royal des Pays-Bas. J'ai plusieurs fois croisé le regard de la jeune princesse hollandaise, mais elle ne s'intéressait pas à mes exploits.

Sur les sept cents élèves, seuls dix ont réussi l'examen final – équivalent du baccalauréat français. Et je faisais partie de ces rares lauréats ! Ce genre de statistique peut rendre un adolescent très prétentieux. J'avais la sensation de faire partie de la « crème de la crème », d'être le meilleur et le plus intelligent. C'est pour cette raison que le bizutage existe à l'entrée à l'université. C'est parfois scandaleux, injuste et humiliant, mais également très utile pour rabaisser le caquet des jeunes comme moi. En deuxième année, j'avais cette fois-ci le beau rôle, et j'ai participé à l'organisation du bizutage des jeunes premiers. C'est assez sadique, mais tous les êtres humains n'ont-ils pas une part de sadisme en eux ? Je m'en souviens comme de bons moments.

À l'université, j'étais livré à moi-même. Aux Pays-Bas, les professeurs n'assurent aucun suivi des étudiants, et je crois que c'est sensiblement la même chose en France. Si les jeunes n'ont pas une sorte d'autodiscipline en plus d'une curiosité supérieures à la moyenne, ils s'égarent et finissent par se planter. C'est exactement ce qui m'est arrivé ! Je me suis inscrit en droit pour de mauvaises raisons (parce qu'il y avait beaucoup de juristes dans la famille). Je m'ennuyais profondément. J'ai alors changé de voie et me suis inscrit en études de néerlandais. C'était fort intéressant, mais presque sans débouchés, à moins de vouloir devenir professeur. Bon, c'était suffisant pour devenir chanteur de variétés, mais je ne le savais pas encore… Alors, je me suis dit : *Wouter, tu seras prof, tu travailleras toute ta vie avec des jeunes, c'est plutôt sympa, et surtout, c'est le métier où l'on a le plus de vacances !*

Finalement, après deux années à la fac, je suis parti avec Joost et je suis devenu chanteur de rue. Ce sera l'objet d'une prochaine escale de ma croisière.

De mes études, je retiens surtout la gymnastique cérébrale « de grande profondeur » acquise au fil des innombrables versions que l'on me demandait de traduire : Tacite, Ovide ou Virgile en latin ; Sophocle ou Homère en grec. Ce travail laisse peut-être des traces positives sur le cerveau pour toute la vie. Certes, je n'étais pas l'élève le plus travailleur à la maison, mais j'étais très présent en classe. Aujourd'hui, à près de 80 ans, quand je prépare mon tour de chant, ma concentration est la même. Récemment, on m'a contacté pour participer à une émission-hommage à Jacques Brel. Son répertoire n'est pas le plus simple à chanter pour moi, mais j'ai choisi *Le Plat Pays*, par défi.

Enfant, je chantais tous les soirs dans mon lit, en écoutant le hit-parade de Radio Luxembourg en anglais. J'apprenais les paroles des chanteurs à la mode (Paul Anka, The Everly Brothers…). Mon préféré était Roy Orbison. En France, il est seulement connu pour *Pretty Woman*. Roy était mon exemple vocal. J'ai commencé à me produire lors de petites soirées de lycéens, en m'accompagnant avec ma guitare. Il m'arrivait de faire quelques bides, car mon répertoire était probablement déroutant pour les adolescents de mon âge. J'interprétais des titres de *L'Opéra de quat'sous*, du dramaturge allemand Bertolt Brecht et du compositeur Kurt Weill.

Autour de moi, tout le monde savait que je chantais. Comme mon père était professeur, nous avions deux mois de vacances l'été et partions en Italie. J'écoutais Adriano Celentano, le « Johnny Hallyday italien », et je reprenais ses chansons. Dans les campings, je chantais pour le plaisir… et pour draguer ?

Cela me permettait probablement d'être apprécié. Ma voix m'aidait beaucoup, car physiquement, je n'avais pas confiance en moi. Je ne me trouvais pas beau.

Je me suis beaucoup disputé avec ma sœur Elsbeth quand nous étions jeunes… Sa mort m'a pourtant terriblement attristé… Je l'ai vue mourir avec un mélange d'angoisse et d'incompréhension dans son regard. Les gens qui décèdent à plus de 80 ans partent peut-être plus apaisés. Je verrai…

Ma sœur n'était pas prête à mourir à 69 ans. Elle est morte du même mal que notre mère : cancer du poumon métastasé. Cela ne donne pas envie de fumer, je vous le garantis…

Quand je passe devant un lycée et que je vois des jeunes la clope au bec, j'ai la trouille pour eux. Je n'interviens pas, évidemment. C'est à leurs parents de les prévenir. Mais la cigarette augmente le risque de contracter un cancer. Mieux vaut les joints : il y a moins de nicotine à l'intérieur…

De ma vie, je n'ai quasiment jamais fumé, si ce n'est quelques cigarettes en discothèque. Cependant, je n'ai jamais franchi la porte d'un bureau de tabac pour acheter un paquet. Pas parce que je suis pingre, mais parce que je n'aime pas trop !

J'ai souvent croisé la mort, la plupart du temps à cause du SIDA, le mal du XXe siècle.

J'ai perdu trop d'amis : Titi, Franck et Albert. Nicolas et Guy. Bruno… etc.

Après mon départ des Pays-Bas, j'ai conservé un lien fraternel très fort avec Elsbeth, Maarten et Lucas. Ils portaient beaucoup d'intérêt à mon curieux voyage. Quand on est jeune, voir son frère embarquer sur un bateau de pêche pour filer dans un autre pays, cela intrigue… De même, j'étais curieux quand ma sœur a épousé un Italien, issu du pays que j'adore.

J'ai du mal à concevoir qu'on puisse se brouiller définitivement avec ses frères ou ses sœurs, probablement à cause des histoires d'héritage. S'engueuler, ça oui. Rayer un membre de sa fratrie de sa vie ? Inimaginable pour moi.

Elsbeth, Maarten et Lucas ont vécu ma célébrité par procuration, car ils vivaient aux Pays-Bas. Ma sœur me racontait que mon père s'arrêtait systématiquement en France lorsqu'il se rendait en Italie, pour avoir le plaisir de dire partout : *Je suis le père de Dave !* Mon père était aussi frimeur que ma mère était discrète, mais je trouve ça mignon.

Un soir, à l'Olympia, mon secrétaire particulier (comme on appelait les managers à l'époque), Franck Thomas, frappe à la porte de ma loge :

— Dave, es-tu au courant que ton père est à l'entrée de la salle ?

— Oui, c'est possible, j'ai invité toute ma famille.

— Il aborde tous les passants pour leur expliquer que tu es son fils !

— Ha ha ha !

— Mon père faisait la même chose, me disait alors Charles Aznavour, qui se trouvait dans la loge !

Mon père était un francophile convaincu. Alors me voir réussir en France représentait quelque chose en plus pour lui.

Même s'il ne me le disait pas en face, il était fier.

Je me souviens avoir vu au cinéma à l'époque le film français *D'où viens-tu, Johnny ?* Johnny Hallyday était la vedette de ce long-métrage, avec Fernand Sardou, Sylvie Vartan, Jean-Jacques Debout… J'étais loin de m'imaginer qu'un jour, je côtoierais toutes ces personnalités. Ce film, qui m'avait beaucoup plu, a connu un joli succès aux Pays-Bas.

À la maison, mon père avait les disques de Boris Vian, Catherine Sauvage, Patachou, Mouloudji…

Dans son esprit, chanter en français était beaucoup plus chic que de jouer dans un groupe anglo-saxon.

Quand les étrangers pensent à la France, ils ne songent qu'aux grands écrivains, dramaturges et philosophes. Aux yeux du monde, la France est un pays d'intellectuels.

Quand on y vit depuis bientôt soixante ans, on peut avoir un avis différent…

Ma famille s'est toujours réunie pour m'applaudir à l'Olympia. C'est l'un des rares endroits au monde où mon père et ma mère, malgré leur divorce, se rencontraient…

MON PÈRE A ÉPOUSÉ LA BONNE

Mes parents se sont séparés quand j'avais 18 ans. Cet épisode fut traumatisant pour toute ma famille… et particulièrement pour moi. Je suis le premier à avoir découvert que mon père trompait ma mère avec… la bonne.

Papa vient d'épouser la bonne, comme dit la chanson de Dany.

Papa vient d'épouser la bonne
Oh quelle idée il a eue là mon p'tit papa
C'est une gentille petite Bretonne
Oh quelle idée il a eue là mon p'tit papa
Toute la famille, tante Clara, tante Lison,
Oncle Camille, ne viennent plus à la maison
Car ça personne ne lui pardonne
Oh quelle idée il a eue là mon p'tit papa

Dans la représentation d'un fils, la maman a une image forte. La voir trompée par son propre père, c'est dur. J'ai été contraint d'encaisser.

Pire, il s'agissait d'une double trahison. La femme de ménage, orpheline de sa mère, avait été accueillie à la maison à l'âge de 14 ans, et ma maman la considérait comme sa deuxième fille. Elle était doublement blessée. C'était rude.

Mon père a commencé à la « tripoter » quand elle avait 19 ans.

Mon petit frère a refusé de fréquenter mon père et sa nouvelle femme pendant longtemps.

Personnellement, je suis resté neutre. J'étais malheureux pour ma mère, mais dans la vie, je cherche toujours à comprendre l'origine des problèmes. Je peux concevoir l'attirance pour une femme plus jeune. Elle avait quarante ans de moins que lui. C'est humain. Je me suis rarement emporté contre la bêtise humaine. Je dois avoir une forme de naïveté qui me donne envie de me mettre à la place d'autrui de façon très enfantine.

Quand j'étais adolescent, j'écoutais souvent Voice of America. Mon père m'avait mis en garde :

— Ne te contente pas de Radio Washington. Écoute aussi Radio Moscou. Pour pouvoir comparer les deux côtés.

J'avais trouvé cette remarque très raisonnable, et cela m'a peut-être donné la capacité de comprendre (un peu ?).

Un jour, j'avais besoin d'une ampoule pour mon cyclomoteur *Rap*. Je passais des heures à le bichonner. À 16 ans, j'étais en admiration devant mon deux-roues comme je le suis aujourd'hui devant mon coupé Mercedes SL, bien que l'entretien de « ma danseuse » me ruine un peu. Mais je la trouve tellement belle, ma danseuse… Mon père, prof d'anglais, avait une Morris Minor, dans laquelle il y avait un paquet d'ampoules de rechange. Quand je suis allé les chercher dans la boîte à gants, je suis tombé sur un double-fond qui contenait un paquet de lettres d'amour, toutes rédigées de la main de Marie, l'employée de maison. Consterné (mais curieux ?), j'ai tout lu de A à Z. Dans l'obscurité du garage familial, j'ai vu le monde s'écrouler en une centaine de phrases crues et saugrenues. Une ligne que je n'ai jamais oubliée : « *Comme tu me l'as suggéré, j'ai changé de sous-vêtements et je porte actuellement une culotte papillon.* » Je ne savais pas ce que cela signifiait, mais j'avais compris l'idée générale. Dépité, je suis monté dans le bureau de mon père et je lui ai jeté la lettre à la figure. Mon père était un homme imposant, mais quand il a reconnu la pièce à conviction, il a semblé ne plus mesurer 1,90 m… mais 1,10 m.

La honte transforme les géants en nains.

Avant l'épisode des lettres, j'avais eu quelques soupçons. Un dimanche, j'avais surpris mon père en train de peloter la *bonne* plus que de raison. Mais nous étions une famille aisée, dans les années 1960, avec trois hommes à la maison. Ce que je vais écrire ici choquera l'opinion publique, mais je dois avouer qu'il nous arrivait – avec mon père et mes frères – de caresser les seins de Marie ou de lui tripoter les fesses quand elle débarrassait la table ou qu'elle apportait le plateau de café. Souvent, j'avais plaisanté un peu trop sur le sujet et mon père m'avait lancé :

— Arrête avec tes bêtises ! Quand il s'agit d'actions aussi graves que l'infidélité, on n'accuse pas les gens sans preuve.

Ainsi, après ma découverte, en lui soufflant la lettre érotique à la figure, je lui ai crié :

— La voilà, ta preuve !

C'est une conversation qui ne s'oublie pas. Papa ne s'est pas expliqué, ni justifié, ni excusé. Il s'est contenté d'une phrase limpide me suppliant :

— Ne le dis pas à ta mère !

Et je n'ai rien dit…

Quelques semaines plus tard, des hurlements m'ont réveillé en pleine nuit, alors que je dormais dans ma chambre au premier étage. J'ai entrouvert ma porte, qui donnait sur l'escalier du salon, et j'ai compris : *ça y est, elle sait.*

C'est une histoire qui marque.

Mon petit frère, Lucas, a été encore plus secoué. Pendant plusieurs années, il a refusé de parler à notre père.

Je pense qu'il n'envisagerait jamais de tromper ni de quitter sa femme, probablement à cause de cette histoire. Aucune envie de reproduire ce schéma familial plutôt banal.

Je n'en ai jamais parlé avec mon père. En vérité, j'ai réalisé récemment que tout au long de ma vie, j'ai très peu dialogué avec lui. Par exemple, j'aurais aimé qu'il me raconte ses mois de cavale, quand il se cachait des nazis qui voulaient le gazer comme le reste de sa famille. De même, je n'ai jamais échangé avec ma mère au sujet de cette insupportable double trahison qui a détruit une partie sa vie.

Je n'ai pas oublié la dernière fois que je l'ai prise dans mes bras : c'est le jour où elle m'a annoncé qu'elle avait un cancer et qu'on ne pouvait plus la soigner. C'était tellement dur. Elle avait exactement l'âge que j'ai aujourd'hui. On avait commencé à chercher un endroit pour fêter son 80e anniversaire.

Jusqu'à la fin de sa vie, mon père a vécu avec Marie, qui était donc bien plus qu'une aventure entre un homme d'un certain âge et une jeune employée de maison.

Ma mère était comme moi : la femme d'un seul homme. Elle ne l'a jamais remplacé.

Mes parents avaient malgré tout essayé de recoller les morceaux, lors de vacances romantiques dans le nord de l'Italie. Cela n'a pas fonctionné. Mon père était réellement épris de Marie. La partie de sexe initiale s'était transformée en véritable histoire d'amour. Ma mère ne faisait malheureusement plus le poids.

Jusqu'à cette séparation, j'ai eu une enfance équilibrée et même heureuse : la musique qu'on écoutait, les petits déjeuners quotidiens tous ensemble, les dîners de dimanche soir. Une vie familiale sans soucis et tout à fait normale.

19 ANS, PREMIER DISQUE

Quand j'avais 19 ans, mon frère aîné Maarten jouait le rôle de « manager » pour mon propre compte. J'utilise des guillemets car nous n'employions pas ce terme. Il avait le sens de l'organisation, ce que son parcours a prouvé, puisqu'il a été longtemps adjoint au maire de son village aux Pays-Bas. Pour vous imaginer le Dave adolescent se produisant en concert, sachez que je portais un costume à queue de pie que mon père avait été obligé d'acheter pour l'étudiant inscrit à la fac de droit d'Amsterdam. Comme cette tenue n'était pas très rock'n'roll, je faisais tourner les deux queues à la façon d'une hélice de moteur de bateau ! Mon groupe s'appelait les *Millionaires*, mais ils ne le sont pas devenus…

Maarten m'avait pris rendez-vous avec Jack Bulterman, un célèbre producteur de disques d'Amsterdam, précisément à Hilversum, la ville du show-biz, où l'on trouve tous les grands studios néerlandais.

Jack Bulterman avait produit *The Blue Diamonds*, un groupe de Néerlandais d'origine indonésienne, qui avait connu un immense succès, non seulement aux Pays-Bas, mais aussi en Allemagne, avec la chanson *Ramona* : plus d'un million de disques !!! Comme je chantais en anglais, Bulterman a fait comme à chaque fois qu'il engageait un nouveau chanteur : il a ouvert un bouquin avec des titres de disques d'or et a choisi presque au hasard un standard américain. Il m'a proposé d'enregistrer une chanson intitulée *Girl of my dreams* et a accepté de placer en face B un morceau de ma composition. À l'époque, j'écrivais mes chansons moi-même, dans les langues que je pensais maîtriser : anglais, français, italien…

Bulterman m'avait donné rendez-vous au studio à 14 heures. J'étais très excité. Arrivé quinze minutes en avance, j'ai pourtant cru avoir mal compris l'horaire. En poussant l'épaisse double-porte qui permet d'isoler le studio du reste du monde, je tombe sur… les musiciens en train d'enregistrer *Girl of my dreams*. Paniqué, je me précipite vers le micro et commence à chanter.

— Non, non, non ! Dave ! Ce n'est pas ton tour ! Du calme !

Le directeur artistique a souri.

Je n'étais pas en retard.

En réalité, je ne savais pas comment fonctionnait un enregistrement d'album. Les musiciens d'abord, puis le chanteur, sur ce qu'on appelle un *playback* d'orchestre. Je trouvais cela ridicule, mais je n'allais pas révolutionner l'industrie du disque à 19 ans.

Je n'ai jamais oublié le moment où je suis entré dans la cabine, pour enregistrer, à mon tour, ma voix. Mon premier disque. J'étais très détendu. La première fois qu'on fait quelque chose, on est toujours innocent, ingénu et beau (?). Comme quand on fait l'amour ! Comme sur scène ! Je me souviens du premier Olympia de Jeanne Mas : parfait ! Linda de Suza, parfaite aussi ! Les premières fois, on n'a pas le trac : on n'a aucune idée de tout ce qui peut foirer. On ne peut pas avoir peur de quelque chose qu'on ne connaît pas. J'ai chanté comme j'avais toujours chanté dans ma vie. La première fois, on pense naïvement que si on a été choisi, c'est parce qu'on est le meilleur ! Et autour de soi, tout le monde nous dit qu'on est absolument génial. Plus le temps passe, plus on se met à douter. La première fois, l'ignorance est notre meilleur atout. On n'a aucune conscience de ce qui pourrait ne pas fonctionner.

Si l'on écoute mon premier disque avec attention, on remarque que je suis beaucoup influencé par Elvis Presley et Roy Orbison. Surtout dans les notes graves.

La première fois que j'ai entendu ma voix à la radio, j'étais au volant de ma voiture et j'ai manqué de foncer dans un arbre d'étonnement ! Cependant, le disque n'a pas fonctionné. Je n'ai jamais su combien d'exemplaires avaient été écoulés.

Quand j'ai signé avec cette maison de disques, j'avais latinisé mon nom et décidé de m'appeler David, en référence au roi David qui chantait pour le roi Saül malade en s'accompagnant d'une lyre dans l'Ancien Testament de la Bible, et Levenbach (leven = la vie/bach = ruisseau) est devenu Rivus Vitae. Finalement, la maison de disques a décidé unilatéralement que je m'appellerais Dave Rich, pour faire plus « swinguant », plus moderne. Ils m'ont informé de cette décision par courrier, et comme j'étais le plus heureux du monde d'enregistrer un disque, je n'ai pas lutté. Et voilà comment on garde un pseudonyme toute sa vie !

Depuis de longues années, tout le monde m'appelle Dave, y compris Patrick. Je n'ai gardé qu'un ami de ma jeunesse néerlandaise, donc, hormis lui et mes frères, plus personne ne m'appelle Wouter.

Lorsque j'ai signé avec Eddie Barclay, plus tard, savez-vous ce que le magnat de l'industrie du disque a dit en lisant mon nom écrit sur ma guitare ?

— Dave Rich ? Riche, peut-être pas tout de suite !

Barclay a donc suggéré que je m'appelle seulement Dave, et pour les mêmes raisons qu'en 1964, je n'ai pas bronché. C'était la mode des chanteurs à prénom, puis c'est encore le cas aujourd'hui avec Amir, Vianney ou Slimane.

En 2006, Warner Music a proposé d'exhumer mon nom de famille, le vrai, cette fois-ci : Levenbach. J'ai donc sorti un album sous le nom de Dave Levenbach : *Tout le plaisir a été pour moi*. Encore une fois, je n'avais pas commenté cette décision, bien content de publier un disque à une période où ma carrière fonctionnait moins bien. Lors de la promotion du disque, j'ai été invité sur le plateau d'*On ne peut pas plaire à tout le monde*, l'émission de mon cher Marc-Olivier Fogiel. En déjeunant pour préparer l'interview, je lui dis :

— Mon nouveau disque sort sous le nom de Dave Levenbach. Je trouve cette idée un peu bête, mais après tout, pourquoi pas ? Au début de sa carrière, Julie Pietri s'appelait seulement « Julie », et lorsqu'elle a sorti son premier album sous le nom de Julie Pietri, elle a explosé les chiffres de vente ! Peut-être que je vais à nouveau être disque d'or ?

En perçant le regard malicieux de Marco, j'ai aussitôt regretté de lui avoir confié cette information. Dave parle toujours trop !

— Marco, ne me parle pas de Julie Pietri ce soir ! Même si elle chante bien, je ne veux pas être comparé à elle.

Et le soir même, la première phrase qu'il a prononcée au cours de mon interview sur France 3 :

— Alors Dave, vous faites comme Julie Pietri ?

Arrgh ! On ne peut donc pas faire confiance à ses amis… (Je l'aime quand même.)

Finalement, l'album de Dave Levenbach n'ayant pas vraiment fonctionné, j'ai donc renvoyé mon nom de famille…

Quand on s'amuse à taper Dave Rich sur une barre de recherche internet, on tombe sur un écrivain, expert de premier plan sur l'antisémitisme de gauche (!)…

Le monde entier (sauf moi) a oublié ma version de *Girl of my dreams* ! Ce n'est peut-être pas plus mal. Sur la pochette, j'étais représenté en photo avec mes cheveux courts et mes lunettes, puis une chemise blanche à rayures. À l'époque, je trouvais cette photo plutôt bien. À tort ou à raison, j'étais tellement persuadé que j'avais un physique sans grand intérêt que je portais peu d'attention à mon image. Le jour où le médecin de l'école a décrété que ma vue était mauvaise et que je devais porter des lunettes, je n'étais pas heureux mais j'ai accepté l'augure : je serais un binoclard toute ma vie, et je ne serais jamais beau. Heureusement, on a inventé les lentilles oculaires, et, désormais, une opération chirurgicale m'a rendu la vue. À présent, je suis ravissant, n'est-ce pas ?

En regardant mon disque, je me disais que je n'étais pas le seul chanteur à lunettes du monde : Buddy Holly, Roy Orbison…

Suite à l'échec de ce single, je n'enregistrerais aucun autre disque aux Pays-Bas, et devrais attendre mon arrivée en France pour qu'un producteur – Eddie Barclay – s'intéresse à moi. J'avais peu de perspectives à Amsterdam, il était temps d'embarquer pour un long voyage fluvial.

JOOST, MON AMOUR DE JEUNESSE

Avant Patrick Loiseau, dont je parlerai longuement un peu plus tard dans le récit, seuls deux hommes ont véritablement compté dans ma jeunesse : Flip (Philippe, en néerlandais) et Joost.

Flip, Joost, Patrick. Ces trois hommes représentent les étapes de ma construction en tant qu'homme. J'y pense parfois au gré de mes insomnies – un peu moins depuis qu'un psychiatre me donne des pilules pour dormir !

Avec Flip, il n'était question que d'amitié. Il est le premier garçon avec qui j'ai vécu une grande complicité, mais je n'ai jamais été amoureux de lui.

Flip était un jeune homme grand et maigre, avec un long nez courbé et, plus tard, à cause d'une bagarre, un œil de verre. Malgré son physique un tantinet ingrat, à la fois intelligent, brillant et drôle, il plaisait énormément aux filles. En le découvrant aux bras de potentiels mannequins, les gens le dévisageaient comme les photographes de Cannes Gainsbourg et Birkin…

Je ne sais plus comment nous nous sommes rencontrés. Après avoir creusé en vain dans ma mémoire pendant l'écriture de ce livre, je me suis résolu à téléphoner à Flip pour l'interroger à ce sujet… mais il ne se le rappelle pas non plus ! Les seuls détails dont il se souvient ne sont pas très flatteurs pour moi :

— Quand on s'est rencontrés, tu étais moche avec des grosses lunettes de chouette !

Malheureusement pour moi, sa remarque est très juste.

Bien des années plus tard, lors d'un concours de chanson à Knokke-le-Zoute, le Saint-Tropez belge, le producteur néerlandais, qui batifolait au bras d'un petit ami très séduisant, a éclaté de rire quand j'ai entrepris de lui faire la cour :

— Dave, il faut que tu saches quelque chose. Je ne couche jamais avec des hommes à lunettes ni avec des gros !

Quelques jours plus tard, je me rendais chez un ophtalmologiste pour me faire prescrire des lentilles. J'ai également débuté un régime. À l'époque, je cuisinais beaucoup de bons petits plats et j'avais dépassé les soixante-dix kilos (je mesure 1,71 m). Plusieurs années après, j'ai rencontré à nouveau ce jeune homme, et figurez-vous qu'il portait des lunettes, et qu'il avait grossi à son tour ! On n'a pas couché…

Revenons-en à Flip. Après l'avoir rencontré je ne sais comment (peut-être dans une soirée de la jeunesse à Blaricum ?), nous sommes partis ensemble en vacances en Italie, en cyclomoteur. C'était en 1963.

Avec Flip, nous avons rapidement sympathisé, et je pense qu'il a aimé mon côté « déconneur ». Après l'obtention de mon baccalauréat, je me laissais aller à n'importe quelle bêtise, comme glisser une pièce de dix centimes sous une ampoule pour faire sauter l'électricité, ce qui conduisait à l'interruption des concerts ou des bals.

Sous mes airs de mec arrogant et sûr de moi, j'étais plutôt mal à l'aise avec les filles. Flip, lui, était un sacré dragueur de nanas. Parfois, je les récupérais après qu'elles étaient passées dans son lit ! Cela ne nous posait aucun problème. En revanche, une fois, il m'a prévenu :

— Elle, tu n'y touches pas, car je vais en faire mon épouse.

Je n'ai donc pas couché avec cette femme. Et j'ai bien fait, car il l'a effectivement demandée en mariage quelque temps plus tard, et ils ont eu deux enfants !

Soixante ans plus tard, je conserve beaucoup d'affection pour Flip. Son histoire m'avait évidemment ému. Ses parents juifs l'avaient confié pendant la guerre à une famille à Blaricum, pour qu'il ne soit pas raflé en même temps qu'eux. Ils sont morts dans un camp de concentration. J'aimais bien sa mère adoptive. Chaque mardi et chaque vendredi, je me rendais chez lui pour regarder la télévision. Flip et moi étions comme deux frères.

Ancien publicitaire talentueux, Flip s'est retiré aux îles Canaries puis au Portugal, profitant de l'argent des Allemands. Dans les années 1950, le gouvernement de Berlin avait décidé de donner une somme d'argent aux juifs – ou à leurs descendants – pour chaque journée passée avec l'étoile de David accrochée à la poitrine. Comme sa famille entière avait été gazée, Flip a touché « le gros lot » à sa majorité.

Un beau jour, j'ai rencontré Joost.

Grâce à Thérèse, la femme de Flip, qui avait travaillé comme guide sur les bateaux-mouches, je me suis fait engager dans une compagnie de bateaux-mouches d'Amsterdam. Nous voguions toute la journée sur l'Amstel (le fleuve qui a donné son nom à la capitale des Pays-Bas ; « dam », en français, signifie barrage) et les canaux. Notre bateau était similaire à ceux à fond plat que l'on voit sur la Seine, à Paris.

Mon travail était celui d'un guide parlant au moins quatre langues en plus du néerlandais, afin de réciter l'histoire d'Amsterdam aux touristes du monde entier. Dix-huit guides sur vingt étaient de sexe féminin. Le seul autre homme de la bande, le chef, était gay. On s'entendait bien, mais je le trouvais très vieux (au moins 60 ans), et je n'ai jamais été gérontophile…

Un jour, Joost est arrivé pour demander si la compagnie n'avait pas besoin d'un homme pour nettoyer le bateau. Il n'avait pas les « compétences linguistiques » pour être guide.

Dès que je l'ai vu, j'ai eu un véritable coup de foudre.

Joost était incroyablement beau. Il ressemblait à Richard Chamberlain l'acteur de *Dr Kildare*. Contrairement à mon compagnon Patrick, qui a plutôt une beauté féminine, sans être efféminé pour autant, Joost avait un charme extrêmement viril. Une belle gueule de mec.

J'ai aussitôt plaidé sa cause auprès de mon chef.

— Tu dois absolument l'engager ! Regarde comme il est beau…

— Il parle seulement l'anglais et le français, et quelques bribes d'allemand. Tu sais bien que ce n'est pas assez.

Pour être engagé sur ces bateaux-mouches destinés aux touristes, il fallait maîtriser au moins quatre langues étrangères. Moi, j'avais l'anglais, le français, l'allemand et l'italien. Devant mon insistance, Joost a malgré tout été engagé. Il vivait avec sa fiancée dans le quartier du Jordaan (du français *jardin*), un peu l'équivalent amstellodamois du Marais parisien. J'étais très amoureux, comme on peut l'être à 18 ans. Des sentiments violents, forts, irrésistibles. Je pense qu'il s'en est rapidement rendu compte, mais il n'était aucunement « branché » garçons. Ma cause était perdue, ce qui ne m'a pas empêché de m'accrocher.

Un jour, j'ai annoncé à mes camarades qu'avec mes économies, j'allais acheter une camionnette Volkswagen et visiter l'Europe. Joost a été le premier à réagir.

— Et si on faisait pot commun, tous les deux ? J'ai toujours rêvé de naviguer, on pourrait acheter un bateau ?

J'ai sauté sur l'occasion. J'étais tellement amoureux que j'aurais tout accepté, même de traverser l'Europe en tandem !

Nous avons donc réuni toutes nos économies, issues des pourboires que nous offraient les touristes. Comme j'avais déjà la langue bien pendue, je rencontrais un joli succès. À la fin du tour, je m'adressais aux quatre-vingt-dix passagers :

— C'est la fin du voyage. J'espère vous avoir appris des choses et vous avoir intéressés. Je me permets de vous dire que nous sommes à peine payés pour faire ce boulot. Je suis étudiant en théologie et travaille pour financer un voyage en Israël.

Un pur mensonge… mais cela sonnait bien.

Grâce à ses beaux yeux marron, Joost récoltait aussi beaucoup de pièces, voire des billets.

« Dans le port d'Amsterdam, il y a des marins qui chantent », mais il y a surtout des bateaux à vendre. Joost avait repéré un bateau de pêche à fond plat de vingt mètres de long et de quatre de large, avec un petit tirant d'eau permettant de naviguer dans les voies fluviales. Il s'appelait l'*Étoile de mer*. Joost m'a expliqué que cela portait malheur de changer le nom d'un bateau… mais nous l'avons quand même rebaptisé. Notre embarcation s'appellerait le *Justus*.

J'avais bien conscience qu'il n'était absolument pas homosexuel (et lui savait que je l'étais). Il devait aussi percevoir que je le regardais avec les yeux de l'amour. Embarquer ensemble dans ces conditions était une pure folie. Je ne crois pas avoir pensé un seul instant que je serais capable de conquérir son corps (encore que…), mais au moins son cœur…

À l'automne 1965, nous sommes partis avec l'équivalent de mille florins chacun : le fuel pour le moteur et les pommes de terre pour nos ventres. Cela nous a permis de tenir plusieurs mois sans travailler.

Pendant de longs mois, nous avons descendu tous les fleuves d'Amsterdam à Marseille. Pour être précis, l'arrivée était située à Port-de-Bouc, une des sorties du Rhône. Quand nous sommes arrivés à la Méditerranée, ce fut un grand moment de ma vie.

Le tourisme fluvial n'était pas encore à la mode. Nous croisions seulement des bateaux de marchandises, qui transportaient souvent du charbon. Je n'ai pas souvenir d'avoir aperçu le moindre yacht privé. Il faut dire qu'en automne, le vent glacial souffle fort, et le voyage n'est pas une partie de plaisir. En voguant sur les rivières européennes, je pensais à l'histoire du Rémi « Sans Famille »

– le roman d'Hector Malot – qui croise le *Cygne*, le yacht de Mme Milligan.

Nos escales étaient multiples. Nous nous sommes arrêtés pour la première fois à Rotterdam, pour, déjà, réparer le moteur du *Justus*, un monocylindre. Ensuite, nous nous sommes engouffrés par la Meuse, qui traverse la ville de Maastricht – laquelle n'était pas encore connue pour son traité politique – puis Liège, Namur... La patience était certainement notre meilleur atout. Chaque jour, nous devions attendre l'ouverture d'une quinzaine d'écluses, ce qui ralentissait considérablement notre trajet. Je pense qu'on ne parcourait pas plus d'une vingtaine de kilomètres par jour. Tout cela était convivial : les éclusiers vendaient des salades, du poulet... On n'avait presque pas besoin de sortir un pied du bateau pour se nourrir.

C'était une vie de bonheur total. Dans l'insouciance de mes 20 ans, je me moquais complètement de mon avenir. Comprenez que, marqué à vie par cette expérience, je m'interroge quand je vois des jeunes lycéens français manifester pour « préserver leur retraite ». La retraite, à 18 ans, on doit s'en contreficher !

Au port de Liège, nous avons été invités à dîner par une famille de Liégeois, ce qui nous a aussi permis de profiter de douches dignes de ce nom. Un luxe, au cours de notre voyage, car le *Justus* n'offrait aucun confort. En guise de toilettes, nous n'avions qu'un seau...

Plus tard, à Paris, nous nous arrêterons aux bains-douches municipaux.

À Liège, après un dîner fort arrosé et très convivial, nos hôtes nous ont offert quelques chemises propres pour la suite du périple.

Joost n'en était pas à son coup d'essai. Au fil de l'eau, il m'a raconté ses voyages précédents, en Suisse francophone et en Espagne. Là-bas, il gagnait sa vie en chantant dans la rue. Ça a fait tilt dans mon esprit. Moi qui avais enregistré un disque, je n'avais jamais songé à devenir chanteur de rue ! C'est à Namur, en Belgique, que j'ai fait *la manche en chantant* pour la première fois. Même si j'ai l'impression d'être un brin prétentieux en écrivant cela, n'oubliez pas que j'étais issu d'un milieu plutôt intellectuel : mère professeure de danse classique, père professeur et descendant d'une famille fortunée. Autant vous dire qu'il a fallu me faire violence pour m'adresser aux clients du restaurant, et faire passer ma petite assiette entre deux chansons, en quête de pièces ou de billets. Mais je n'avais pas le choix. Nos économies – et nos réserves de fuel – étaient épuisées. J'ai mis mon ego de côté, et cela m'a plutôt bien réussi. À cette époque, les hits de mon répertoire de chanteur de rue étaient : *Yesterday*, des Beatles, et, la seule en français, *Le Déserteur* de Boris Vian que je connaissais par Marcel Mouloudji. Pendant longtemps, ce poème datant de la guerre d'Indochine a été ma seule chanson en français.

Je l'avais appris par cœur. J'espérais qu'on m'applaudisse ainsi :

— Bravo, le Hollandais qui chante en français !

Dans les faits, j'étais fusillé du regard par d'anciens combattants qui passaient dans la rue, baguette sous le bras et béret sur la tête. J'avais osé faire sonner ce pamphlet antimilitariste dans leurs oreilles.

Je devais mon peu de connaissance de la culture française à mon père. C'était un homme très francophile, qui avait passé du temps à Montpellier pour son travail. La ville héraultaise et ses environs étaient spécialisés dans le cuir, au même titre que la famille Levenbach.

Avant le départ, Joost et moi avions pris rendez-vous avec le rédacteur en chef de *Het Parool*, un journal genre *Libé*. Nous avions convenu d'écrire un journal de bord, ou du moins quelques cartes postales pour raconter notre périple, qui amusait beaucoup le journaliste. Il avait promis de rémunérer nos articles… que nous n'avons jamais écrits !

Quand nous sommes arrivés à Paris au début de l'année 1966, Joost et moi ne connaissions pas la capitale de la France. Soudain, à tribord, nous avons vu la tour Eiffel.

— On est arrivés !

Aussitôt, nous avons amarré notre bateau de pêche et avons cherché des magasins pour faire des courses. Peine perdue ! À proximité de ce grand symbole de la France, il n'y avait aucun magasin, sinon des boutiques de souvenirs ou des restaurants largement hors budget pour les deux jeunes vagabonds que nous étions. Une heure après, nous sommes repartis sur la Seine et avons mouillé à nouveau, cette fois-ci sous le Pont-Neuf, où nous avons longtemps élu domicile. Après nous être ravitaillés, nous devions trouver un endroit où faire la manche. Joost avait un copain qui vivait rue des Écoles, qui nous a conduits vers des cafés chantants place de la Contrescarpe où se produisaient des chanteurs « rive gauche ». Je m'arrête un instant sur ce terme qui ne s'emploie plus en 2023.

Un chanteur « rive gauche » s'applaudissait à Bobino. Chansons intellectuelles, à texte !

Un chanteur « rive droite » a les faveurs de l'Olympia. Là, c'est la variété « commerciale » !

C'est sur la place de la Contrescarpe que j'ai vu le premier « clochard » – comme on disait à l'époque – de ma vie. Aujourd'hui, on croise des SDF dans toutes les capitales du monde, et malheureusement, on ne les remarque même plus. En découvrant un pauvre homme allongé devant une bouche de métro, je me suis inquiété et j'ai alerté les passants.

— Eh ! Vous n'avez pas vu cet homme allongé au sol ? Pourquoi personne ne vient le secourir ?

Personne ne me répondait. Les Parisiens étaient déjà habitués à ce triste décor, avec l'inhumanité qui caractérise notre société. Le cinéma avait déjà dépeint ces travers, avec Michel Simon dans le rôle du clochard.

Nous sommes allés dans un café nommé La Méthode. Quelques chanteurs interprétaient des chansons probablement très intelligentes, mais nous ne comprenions rien. Ensuite, nous sommes allés Chez Georges, où la musique semblait mieux me correspondre. Finalement, nous avons atterri dans un établissement tenu par Jacky, un Américain, le Jacky Far West Saloon, pas loin d'un cabaret à la Madame Arthur avec des travestis. C'était rue Vavin, juste à côté du cinéma du même nom. À l'entrée, il y avait un bar, et au sous-sol, une salle beaucoup plus grande où il fallait chanter très fort pour se faire entendre. Le propriétaire du cinéma téléphonait souvent à la police : les clients se plaignaient du bruit du Jacky Far West Saloon.

À Paris, Joost a rencontré une jeune fille, prénommée Catherine. Leur aventure sentimentale m'a fait pleurer à chaudes larmes… En ce qui me concerne, je n'ai eu aucun rapport sexuel durant ce très long voyage. J'aimais trop Joost pour me concentrer sur qui que ce soit d'autre.

Nous avons voyagé ensemble pendant environ un an et demi. En France, nous naviguions entre Paris, Marseille et Saint-Tropez… Malheureusement, Joost a fini par se rendre compte qu'il était à mes yeux beaucoup plus qu'un ami. J'étais éperdument amoureux ! Cela devenait extrêmement gênant de dormir ensemble dans la cabine de notre bateau de pêche. La nuit, il m'arrivait de l'entendre se masturber. Je ne tenais plus ! J'ai eu les mains un peu baladeuses et il m'a fichu dehors. Je ne pouvais pas continuer à vivre avec lui tout en l'aimant. Je lui avais expliqué ainsi ma situation :

— Joost, toi qui es hétérosexuel, essaie d'imaginer que tu dors à un mètre de la plus belle femme du monde, dont t'es amoureux, et que tu l'entendes se caresser toutes les nuits… Ne deviendrais-tu pas fou à lier ?

— Tu as raison, Wouter…

En 1966, le père de Joost a donc racheté ma part du bateau, et j'ai mis pied à terre… Je me suis retrouvé seul avec mes huit billets de mille florins marqués du visage de Rembrandt… en larmes. De chaudes larmes de crocodile. De ma vie, je n'avais jamais possédé autant d'argent. Pourtant, je n'avais jamais été aussi malheureux. Cela prouve bien que l'argent n'a jamais rendu heureux les hommes… J'avais perdu Joost pour toujours… Mon ami, mon fantasme…

Joost a repris la navigation. Des années plus tard, le bateau a sombré dans les eaux égyptiennes, ce qui prouve bien qu'on lui avait porté la guigne en le renommant *Justus*. La marine israélienne l'a secouru, mais notre bon vieux bateau est resté au fin fond de la mer Rouge.

Quand je suis parti, mon amie Louise m'a remplacé sur le bateau. La seule différence, c'est qu'elle couchait dans le lit de Joost… Ce dernier était très amoureux d'elle, et ils ont voyagé quelque temps ensemble.

Je n'ai jamais rompu mes liens d'amitié avec Joost. Chaque année, je lui rendais visite en Angleterre, en Irlande… Dès que l'on se retrouvait, le reste de nos existences disparaissait et nous buvions des verres en discutant de nos vies, celle que nous avions passée ensemble, et celle que nous menions désormais, chacun d'un côté. Joost est mort d'un cancer dans les années 1990, presque dans mes bras. Je ne l'ai jamais abandonné.

CHANTEUR DE RUE

J'ai fait la manche dans les rues de l'Hexagone de 1966 à 1971, à Paris, Marseille et Saint-Tropez. La rue est une formidable école de la chanson.

Quand je faisais la manche, il était très courant qu'on me reproche de chanter. Quand un touriste s'assied en terrasse pour siroter un pastis et grignoter des chips, il n'a pas forcément envie d'entendre le jeune Dave Rich qui chante des reprises d'Elvis Presley !

La première fois que j'ai fait la manche à Paris (à la Rhumerie 166, boulevard Saint-Germain), un type (légèrement éméché) faisant partie d'une équipe de rugby m'a jeté un verre de rhum à la figure : il n'aimait peut-être pas ce que je chantais. Sa femme (légèrement gênée ?) m'a donné un billet de cinquante francs…

Bien plus tard, j'ai compris que devant son public, il « suffit » de ne pas le décevoir. Face à des gens qui ne t'ont pas « choisi », il faut être plus offensif, pour les conquérir.

Ma voix, on peut ne pas l'aimer, mais on ne peut pas dire qu'on ne l'a pas entendue. Elle porte !

Récemment, j'ai discuté avec un jeune chanteur qui faisait la manche dans les rues de Paris. Je lui ai conseillé de privilégier les crêperies et les pizzerias, car le va-et-vient est beaucoup plus important que dans un restaurant traditionnel, où il n'y a généralement que deux services. Apéritif/entrée/plat/dessert/café… C'est très long !

Alors que je me produisais au Jacky Far West Saloon depuis quelques semaines, un client, prénommé Serge, a parlé de moi à son père, crêpier de la rue Saint-André-des-Arts. Un soir, le Serge en question m'a abordé à la fin de ma « prestation », qui durait de minuit à 5 heures du matin.

— Je sais que tu n'aimes pas trop chanter ici car c'est trop bruyant. Le chanteur anglais de la crêperie de mon père est parti voir ses parents, on a besoin d'un remplaçant.

J'ai alors migré vers La Crêperie des Arts, où j'ai connu un joli succès, comme l'a confirmé Loulou, le patron, quelques jours plus tard.

— J'ai une bonne et une mauvaise nouvelle : la bonne, c'est que je te garde à la crêperie pour chanter tous les soirs. Ta voix plaît beaucoup plus à mes clients que celle du chanteur anglais. La mauvaise, c'est que l'Anglais, Charlie, est revenu et qu'il sera probablement pas heureux d'avoir perdu sa place… Il est champion de Londres de boxe poids plume !

Quelque temps après, Charles Brutus McClay s'asseyait à une table au premier étage où je chantais ! Avec son nez cassé et ses cheveux noirs d'une longueur étonnante. Un peu stressé, après les cinq chansons comme d'habitude, je n'ai quand même pas osé faire au chanteur anglais l'affront de lui tendre mon assiette. Cependant, j'étais persuadé, en descendant l'escalier, que j'allais finir le nez par terre après un coup de pied dans les fesses du boxeur. En réalité, il a été très fair-play. Il est venu me rendre visite sur le bateau, on est devenus copains et on a fini par chanter ensemble. Quand j'ai quitté Joost et le Justus, j'ai rejoint mon copain Charlie qui dormait à l'hôtel, rue Gît-le-Cœur, pas loin de La Crêperie des Arts. Il en fallait peu pour y dormir : quatorze francs la nuit ! Je dormais dans sa chambre, sur un lit d'appoint. Comme Joost, il était hétérosexuel, mais cela ne me posait pas problème, Charlie ne me plaisait pas physiquement. J'avais toujours les yeux embués et le cerveau embrumé par mon chagrin d'amour. Même si je faisais le clown tous les soirs à La Crêperie, j'étais en plein désespoir.

L'écriture de ce livre coïncide avec l'hospitalisation de mon ami Charlie. Quand je me trouve à Paris, je vais le voir au moins une à deux fois par semaine. J'ai remarqué que, quand un patient est connu ou fréquenté par une personnalité connue, il est souvent beaucoup mieux traité. Il n'est plus « le patient de la chambre 12 » mais « l'ami de (dans mon cas) Dave ».

Charlie a également enregistré des disques, mais il n'a pas eu la chance… Désormais, c'est son fils, Tom, qui a repris le flambeau.

C'est Charlie qui m'a conseillé de partir à Saint-Tropez.

Aux Pays-Bas, on connaissait Cannes, Menton et Nice, mais pas Saint-Tropez. Ce village devenu branché grâce à Brigitte Bardot.

Lors de mon premier été à Saint-Tropez, le port était toujours ouvert aux voitures, ce qui engendrait le bruit de la circulation. On était peu de chanteurs à parvenir à se faire entendre. Je faisais partie des trois artistes qui récoltaient le plus de pièces dans leur assiette. Les autres : un type surnommé Coin-coin qui réalisait un numéro de monocycle, puis un groupe de noirs qui tapaient sur de grands bidons d'huile, comme en Jamaïque. Je gagnais très bien ma vie : genre cent cinquante euros tous les soirs, en chantant de 19 à 22 heures. Sans loyer, ni électricité, ni impôts, c'était la belle vie !

Je chantais devant la terrasse de la crêperie sur le port, ensuite la terrasse du Papagayo, puis surtout à La Ponche.

Je n'avais pas vraiment un look d'artiste. Je chantais sans tenue de scène. Avec ma guitare, j'étais vêtu de jeans et d'un t-shirt. À l'époque, tout le monde portait des jeans, même les dames. Bien plus tard, j'ai choisi de chanter sur scène en smoking. Mon compagnon Patrick Loiseau me disait :

— Tu es ridicule dans cette tenue !

Il avait peut-être raison, mais le smoking est un gage de sérieux pour les spectateurs. *Bon, il a les cheveux longs mais il est quand même bien habillé.* Dans ce « déguisement », on se sent obligé de se tenir droit. Je porte même le nœud papillon. Mon père m'avait appris à le nouer lorsque j'étais à la faculté de droit, car le port du costume y était de rigueur. Cependant, après toutes ces années de « vagabondage », j'avais oublié la technique. Sur le Mermoz, un bateau de croisière à bord duquel je chantais, j'ai rencontré Henri Garcin, un acteur d'origine néerlandaise. Son vrai nom est Anton Albers. Il m'a dit qu'il avait choisi le pseudonyme de Garcin par rapport à un personnage dans *Huit Clos* de Jean-Paul Sartre. Nous avons sympathisé et il m'a réappris à nouer mon nœud papillon. De nos jours, je sais que beaucoup de jeunes hommes – même des trentenaires – n'ont jamais porté de nœud pap'. Et la plupart de ceux qui le font en utilisent des « pré-noués ». Pour mon père, c'était le comble de la vulgarité. Il me l'a toujours dit :

— Wouter, il y a deux choses que je considère comme vulgaires et que je te conseille d'éviter : porter un nœud papillon pré-noué et fumer le cigare sans enlever la bague autour.

À ce propos, je me souviens d'un dîner avec Bernard Cazeneuve. L'ex-Premier ministre et moi étions invités chez un patron de maison de disques. Au cours de cette soirée, je me souviens que M. Cazeneuve et sa femme m'avaient raconté qu'ils avaient divorcé, avant de se remarier quelques années plus tard. Ce n'est pas commun ! On s'entendait vraiment bien. De façon générale, il a l'air d'apprécier les chanteurs. Il m'avait même demandé mon numéro de téléphone. Bon, je l'ai revu récemment et il m'a de nouveau demandé mon numéro, mais il ne m'a pas encore appelé…

Durant cette soirée, j'ai dû irriter (ou peut-être même vexer) l'ex- ministre de François Hollande. Au moment où il a allumé son cigare avec la bague autour, j'ai commis la bêtise de lui dire :

— Pour mon père, fumer le cigare avec la bague autour était de mauvais goût.

Je parle trop !

Quand je commence à chanter avec mon nœud papillon, je tire dessus dès la fin du premier morceau. Ainsi, les deux fils pendent de chaque côté, ce qui évite de ressembler à un maître d'hôtel.

Après le départ de Joost, en 1967, j'avais acheté une camionnette Volkswagen. Comme Joost me manquait, je suis retourné le voir à Marseille. Dès qu'il changeait de port, je le suivais par la route. À Marseille, mon véhicule était garé sur le port, devant le *Justus*. Il a fini par partir bien plus loin ! Quand je suis parti, mon amie Louise m'a remplacé sur le bateau. C'était une amie de feu ma sœur et toujours une de mes meilleures amies.

Par ailleurs, une fois ma première saison estivale terminée, en 1966, je me suis rendu compte qu'il ne m'était plus possible de gagner ma vie à Saint-Tropez hors saison. Les ruelles anciennes se vidaient au fur et à mesure que les bateaux et les touristes levaient l'ancre et que les températures rafraîchissaient. Mes poches, encore remplies d'espèces sonnantes et trébuchantes en septembre, tintaient creux en octobre. Je devais rejoindre la grande ville la plus proche : Marseille.

MON AMOUR POUR MARSEILLE

« Méfie-toi, ils ne sont pas faciles. » Un promoteur de spectacle m'avait mis en garde avant l'un de mes spectacles à Marseille, dans les années 1970. Il ne savait pas réellement à qui il s'adressait. Pendant des années, j'ai fait la manche dans la cité phocéenne. Alors franchement, y revenir dans la peau d'une vedette en roulant au volant d'une Mercedes 450 6,9 L, avant de monter sur la scène du Pharo, j'étais gonflé à bloc ! Même si, comme un Marseillais, j'exagérais pas mal, j'avais décidé d'être un des hommes les plus populaires de la ville. J'ai donc regardé droit dans les yeux ce producteur un peu véreux (il a été jeté en prison quelque temps plus tard) :

— Pas d'inquiétude, ça va aller !

Souvent, aux six coins de l'Hexagone, on tombe sur des spécialistes autoproclamés du music-hall qui assènent de façon péremptoire : *Si tu marches ici, tu marcheras partout.* Bordeaux, Lille, Strasbourg, Lyon, Orléans, Angoulême, peu importe. C'est un cliché que j'ai entendu partout ! Les gens pensent toujours que leur ville est spéciale, avec un public plus dur, plus critique, fin connaisseur. Un chanteur ne devrait pas prendre ces commentaires pour argent comptant. Tout le monde est chauvin.

À mes yeux, Marseille est une ville spéciale. J'y ai chanté souvent…

J'ai découvert Marseille avec Joost, en 1966. Ensemble, nous avons amarré notre bateau sur le Vieux-Port, devant l'hôtel de ville. Ça grouillait de monde. Pêcheurs, travailleurs, touristes… L'endroit précis qu'il fallait éviter ! À peine le pied posé sur le sol marseillais, les locaux s'en prenaient à nous.

— Fatche de cons !

Je n'avais encore jamais entendu d'expression marseillaise, alors à cet instant, je me rappelle avoir pensé que les habitants de la ville parlaient italien. Ce qui était faux ! C'était du provençal. Quoi qu'il en soit, l'attitude des Marseillais était sans équivoque : impossible de laisser notre embarcation à cet endroit très prisé. Nous avons rapidement levé l'ancre et choisi un endroit plus discret, au chantier naval de l'Estaque. J'avais toujours ma camionnette aménagée afin d'assurer la route entre le bateau et le centre-ville…

J'ai passé beaucoup de temps à Marseille, et j'y ai rencontré beaucoup de gens sympathiques : surtout, avant tout mon ami Lady Jane (Jeannot), un travesti burlesque drôle et plein(e) d'esprit. Face aux remarques des spectateurs, elle/il avait une répartie très rapide et efficace. Il a terminé sa vie sans le sou, mais nous n'avons jamais rompu le contact.

C'était encore l'automne lorsque j'ai commencé à chanter en faisant la manche à Marseille. Cela fonctionnait plutôt bien, car il y avait encore du monde en terrasse, mais plus l'hiver approchait, plus les terrasses se vidaient. Je devais trouver un endroit à l'intérieur. Lady Jane m'a présenté à la femme de Mémé Guérini, cette famille puissante de Marseille. Elle dirigeait une discothèque gay, Le Paradou, où j'ai commencé à chanter le week-end.

Marseille était pour moi en même temps une ville magique et un peu louche.

Un soir, au Paradou, une prostituée – à l'époque, j'ai appris le mot michetonneuse – m'a proposé de devenir son mac.

— Je suis chanteur, je ne vais pas être ton mac !

Elle avait tenté de me « persuader » en m'offrant un superbe pantalon (que j'ai longtemps conservé). Face à mon refus, elle m'a même proposé de m'acheter une voiture.

Marseille est une ville où le multiculturalisme grimpe *crescendo*. J'ai vu cette ville évoluer au fil des époques, notamment le quartier du Panier, autrefois assez malfamé, aujourd'hui plutôt chic, avec probablement des loyers beaucoup plus élevés.

Marseille et Saint-Tropez sont les endroits où j'ai le plus de souvenirs. J'ai besoin d'y retourner chaque année. Dans mon esprit, c'est comme un pèlerinage. C'est là-bas que j'ai appris que je pouvais gagner pas mal d'argent en faisant la manche. C'est aussi là-bas que j'ai rencontré pour la première fois les gens du show-biz français…

De l'autre côté de la France, la ville côtière branchée est sûrement Cap-Ferret. Mais au bord de la Méditerranée, Saint-Tropez est incontournable. Eddie Barclay y avait fait construire sa maison à Ramatuelle, à huit kilomètres du centre-ville. C'est aussi là-bas que j'ai été « reconnu » – avant d'être connu – comme chanteur. Dans la journée, il m'arrivait de me promener dans les ruelles de Saint-Tropez, et de constater que quelques badauds se retournaient sur mon passage.

— Tiens, c'est le chanteur d'hier soir !

C'était loin d'être la gloire, et je ne signais pas d'autographes. Cependant, je m'étais aperçu que cette discrète reconnaissance me plaisait bien. Je dirais même que cela me flattait. Je découvrais ainsi l'ego d'artiste…

Parfois, on me proposait même d'enregistrer un disque, mais cela ne m'intéressait pas. J'étais connu comme le chanteur du coin, de la crêperie, à Saint-Tropez, j'étais payé grassement (et c'était net d'impôt), alors pourquoi m'embêter ? J'ai peut-être changé d'avis quand on m'a dit que je pourrais passer à la télévision et ainsi être reconnu partout, dans n'importe quelle ville de France, même celles où je n'avais jamais mis les pieds. Je dois avouer que j'étais déjà – comme 99 % des chanteurs – en perpétuelle quête de reconnaissance. L'identification du public rassure les artistes, car sans public, il n'y a pas de chanteur. Les écrivains ne rencontrent que rarement ce phénomène, car très peu de lecteurs connaissent leur visage. Hormis dans quelques émissions littéraires qui sont regardées par deux cent mille personnes, on ne les voit jamais à la télévision. Une émission de variétés est souvent au moins visionnée par deux millions et demi de téléspectateurs.

J'ai remarqué au moment où la célébrité m'est tombée dessus dans les années 1970 que, quand les « people » se croisent, ils se saluent discrètement, genre « on est connus tous les deux et on le sait ».

À Marseille, je chantais dans les boîtes gays et à l'hôtel Le Méditerranée, sur le Vieux-Port.

Je chantais tous les soirs : cela suffisait à mon bonheur.

Je n'ai rien oublié de mes deux hivers dans les rues de Marseille.

Beaucoup de chanteurs disent chaque soir : « Quel plaisir d'être ce soir avec vous, à Marseille/Lille/Brest/Strasbourg. » Même si ce n'est pas toujours vrai, cela met de l'ambiance. Personnellement, j'ai dû faire ça aussi. Quand je chante à Marseille, j'ai toujours un petit mot spécial pour le public :

— Quand je pense que j'ai chanté dans les rues du quartier de l'Opéra...

J'aime raconter aux Marseillais à quel point leur ville m'est chère !

Un soir, en Provence, pendant *Mon cœur est malade*, je me suis fait une triple fracture en sautant de la scène... Malgré la douleur, je suis remonté et j'ai terminé le concert. Mon manager m'a dit dans les coulisses : « Je n'ai pas encore été réglé... ! »

Pendant plusieurs mois, j'ai chanté avec des béquilles. Le public avait l'air très impressionné. Au moment d'*Allô Elisa*, un morceau disco, je jetais mes béquilles et je dansais sur un pied. Ça mettait de l'ambiance...

REPÉRÉ PAR EDDIE BARCLAY

Mon premier disque de chanteur « professionnel » est sorti à une date très opportune… en mai 1968. Quelle catastrophe ! Ma chanson phare (*Si je chante*) passait souvent à la radio, mais il n'y avait aucun présentateur pour annoncer le nom des chanteurs, donc personne ne savait qui j'étais… et personne – ou presque – n'a acheté mon disque, qui contenait trois autres morceaux, tombés dans l'oubli : *J'habite une autre maison, Moi et mes chansons, L'Amour est roi.*

Je ne me sentais pas très concerné par les manifestations de mai 1968. Aux Pays-Bas, j'avais déjà connu cet épisode de soulèvement de la jeunesse, en 1965 : au moment du mouvement *Provo*. Ces esprits contestataires m'agaçaient particulièrement, et c'est l'une des raisons qui m'avaient poussé à partir sur les eaux. Je vivais dans un monde parallèle. Je n'ai manifesté qu'une seule fois dans ma vie : en 2013, pour le mariage pour tous. Honnêtement, je me moquais éperdument qu'on me donne le droit de me marier ou pas, mais des amis m'avaient demandé de les rejoindre. Ce jour-là, les gays et les lesbiennes s'embrassaient dans la rue, devant les caméras et les photographes, pour exprimer la liberté des homosexuels. De loin, j'avais cru reconnaître un ami de mes amis et me suis précipité vers lui pour l'embrasser. Je m'étais trompé : j'ai embrassé, par erreur donc, Pierre Bergé, l'ancien compagnon d'Yves Saint-Laurent...

Démoralisé d'avoir quitté Joost, j'ai décidé de prendre mon destin en main et je suis remonté à Paris, bien décidé à utiliser les nombreuses cartes de visite que m'avaient glissées dans mon assiette des producteurs en tout genre. C'est ainsi que je me suis retrouvé avenue de Neuilly, entre l'Étoile et la Défense, dans les bureaux de Barclay à la fin des années 1970 : un rendez-vous dans un placard, avec Jean Fernandez, le directeur artistique de Dalida (entre autres). Pour l'impressionner, j'ai chanté le hit de mes soirées à la Ponche de Saint-Tropez : « Secret Love » très aigu, avec un *la* naturel. Le genre de chanson qui réveille tout le monde ! Dont acte : Eddie Barclay, dont le bureau principal n'était pas loin de notre placard, m'a entendu chanter et s'est précipité dans la pièce exiguë :

— Qu'est-ce que c'est que cette voix ?!

— Enchanté, monsieur Barclay, je suis Dave Rich.

— Dave Rich ? Riche, peut-être pas tout de suite. Enchanté, vous êtes engagé !

Des années plus tard, il m'est arrivé la même histoire avec Line Renaud. J'enregistrais une maquette dans l'un de ses studios, et la meneuse de revue avait accouru en s'adressant à l'ingénieur du son :

— Qui est le garçon qui chante ainsi ?

— Dave. Il est chez Barclay.

Elle était très déçue d'apprendre que j'avais déjà signé un contrat avec une maison de disques.

Eddie Barclay, après m'avoir entendu, m'avait en effet immédiatement proposé un contrat. Malgré mon manque d'expérience, j'avais négocié finement.

— Je serais très honoré de signer avec vous, monsieur Barclay, mais je voudrais six mille francs.

Pour se rapporter à l'époque, c'est comme si aujourd'hui, un type qui faisait la manche demandait six mille euros d'avance pour signer un contrat de disques !

Mes exigences ont eu le mérite d'amuser Eddie Barclay, et celui-ci a accepté.

J'ai donc reçu mon avance de six mille francs, dont je me suis servi pour rendre service à Joost. Entre-temps, j'avais en effet retrouvé mon ami hollandais, car il me manquait terriblement. J'avais passé quelque temps sur le thonier de l'un de ses amis bretons, R. T.[3] C'était un type extrêmement viril, qui n'avait pas du tout l'allure d'être gay…

3. Nom modifié.

même s'il l'était ! Il n'était pas du tout mon genre, mais j'avais peine à refuser toutes ses avances. À l'époque, malgré mes sentiments amoureux pour Joost, je n'étais encore jamais passé à l'acte avec un homme. Il me lançait des propositions assez crues :

— Juste un tout petit bout ! Au début, ça ne fait pas mal…

J'ai toujours refusé.

Mais je lui ai donné les six mille francs dont il avait besoin pour rembourser sa banque, afin que son bateau ne soit pas saisi. Barclay ne l'a jamais su, mais je n'avais pas choisi cette somme au hasard. En ce qui me concerne, il y avait autre chose que j'ignorais : à bord de ce bateau, R.T. détenait de la drogue, qu'il a transportée jusqu'aux Antilles. On ne peut pas m'accuser de complicité, car j'ignorais tout de ses activités illégales.

Chez Barclay, je chantais seulement les titres de ma composition. Dans le studio Lansdowne de Londres, l'ambiance était excellente. Jean Bouchety, l'arrangeur d'entre autres Eddy Mitchell, Michel Fugain, Polnareff, etc., toute l'équipe se comportait avec moi comme si j'étais la perle rare. Ce studio a pourtant vu passer les plus grands.

Malheureusement, je ne suis pas noté dans le *Hall of fame* du Lansdowne Studio, car aucune des chansons que j'y ai enregistrées n'a connu le succès…

Au début des années 1970, ma carrière progressait un peu, même si mes disques se vendaient toujours très peu. Je me suis produit dans les cafés chantants de Montmartre, notamment chez Ma Cousine. Chez Patachou, j'ai vu Serge Lama pour la première fois. Il était un peu dans le creux de la vague, mais j'ai découvert un artiste qui savait tenir le public.

J'ai beaucoup appris dans les cabarets parisiens. Lors de ma première prestation à L'Écluse, je suis monté sur scène avec la même attitude que celle que j'avais quand je chantais dans une crêperie : à savoir, « sûr de moi ». Le public n'a même pas arrêté de discuter !

Après mon bide, j'ai observé les autres artistes qui m'avaient succédé et j'ai compris mon erreur. Quand on chante devant la terrasse d'un restaurant pour 200 personnes qui dégustent une tarte tropézienne, on doit s'imposer. À l'inverse, dans un cabaret parisien, on chante devant un public de « connaisseurs » – ou, en tout cas, de gens qui pensent l'être. Un verre de vin blanc à la main, une cigarette dans l'autre, ceux-ci ont presque une attitude de professeurs. On doit chanter avec l'attitude d'un bon élève qui souhaite recueillir l'assentiment de son supérieur. Et là, on est applaudi à tout rompre ! C'est comme si on faisait semblant de passer une audition, un casting.

Alors que je commençais à vendre deux ou trois disques – *La Cigarette qui me brûle les doigts*, notamment –, j'ai été invité dans l'émission *Sabato sera* (« samedi soir »), à la télévision italienne. Mais, au moment de passer la douane, à l'aéroport de Rome, les services de sécurité italiens m'ont intimé l'ordre de remonter dans l'avion pour rentrer en France.

— Signore Levenbach, vous êtes interdit de séjour, à vie, en Italie.

— Pardon ?!

C'est une longue histoire.

Au cours de ma vie, j'ai eu peu d'accidents de voiture. Le premier n'est pas très glorieux, car je pilotais une Fiat achetée avec de l'argent… volé !

À l'âge de 19 ans, je fréquentais les boîtes gays de la ville d'Amsterdam, et j'ai sympathisé avec le serveur d'une pizzeria dans laquelle je chantais de temps à autre, en sus de mes études de droit. Quelque temps plus tard, Sergio[4] m'a proposé un marché :

— Chaque matin, le patron de la crêperie dépose la recette de la veille à la banque. Seules exceptions : le samedi et le dimanche matin, car les banques sont fermées le week-end.

— Où veux-tu en venir ? lui ai-je répondu, encore naïf.

— Je sais où il cache l'argent. Et si le restaurant est plein tout le week-end, ça représente une sacrée somme…

4. Nom modifié.

— Je ne suis pas un voleur !

— Tu n'auras rien à dérober : j'ai simplement besoin de toi pour faire le guet devant les grandes baies vitrées, pendant que je me faufile à l'intérieur.

— Comment vas-tu faire pour entrer ?

— Les vitres ne sont jamais entièrement fermées. Ils laissent toujours un espace d'une dizaine de centimètres pour aérer.

— Et qu'est-ce que j'y gagne ?

— Un quart de la caisse !

Aujourd'hui, à l'âge de 79 ans, j'ai un peu honte de vous l'avouer. Mais à l'époque, j'avais trouvé cela excitant, passionnant, et… enrichissant ! Au sens propre, évidemment. J'ai donc accepté le marché diabolique de Giorgio.

La crêperie était implantée au cœur d'une place très connue d'Amsterdam. Même la nuit, il y avait du passage sans discontinuer. Afin de n'éveiller aucun soupçon, je réparais mon vélo sous la fenêtre du restaurant. Au pays du cyclisme, rien d'étonnant ! Nous avions convenu d'un signal en italien pour que personne ne puisse comprendre ce que l'on se disait. Soudain, j'ai été pris de panique, en constatant que les vitres des appartements d'en face étaient noires. Et si quelqu'un avait repéré notre manège ? Et si un délateur avait vu Sergio se faufiler dans le resto par la baie vitrée, avant de téléphoner à la police ? J'imaginais déjà la réaction de mon père, convoqué au poste de police pour une tentative de cambriolage perpétrée par son fils. La honte de la famille ! Angoissé, je me suis jeté sur mon vélo et j'ai pédalé à toute vitesse, fuyant des sirènes imaginaires… le temps de comprendre que ma cavale était encore plus honteuse que le cambriolage : j'allais abandonner mon « associé ». J'ai donc freiné avec la roue arrière pour déraper et j'ai tourné mon guidon le plus rapidement possible, avant de pédaler comme si j'étais Joop Zoetemelk. Une fois arrivé sous la fameuse baie vitrée, encore essoufflé, j'ai entendu Sergio répéter d'une voix blanche :

— *Posso uscire?*

— Sors !

Mon comparse a glissé sous la baie vitrée, avant de monter sur mon guidon, et nous avons fui sans jamais être inquiétés. Vous êtes les premiers au courant : personne n'a jamais su ce que nous avons fait, et le patron du restaurant n'a jamais compris qui lui avait volé sa recette. Il s'agissait d'un montant équivalant à plusieurs milliers de florins. Nous nous sommes rendus dans une rue malfamée, pour compter notre butin au milieu des prostituées. Sergio m'a remis ma part, avec laquelle j'ai acheté la fameuse Fiat 1100 que je démolirais bientôt. Quelques mois plus tard, j'étais en effet à l'origine d'un accident, en Italie, ce qui m'avait fait penser : *Dieu me punit pour avoir volé de l'argent en me faisant détruire cette voiture.*

Ce soir-là, j'avais beaucoup trop bu. En voulant éviter une berline qui arrivait en face, j'ai donné un coup de volant trop brusque et précipité la Fiat dans un mur, à très haute vitesse. Dans cette voiture quatre places, nous étions huit. Quatre devant, quatre derrière ! Ne me traitez pas d'inconscient, car c'est ce qui m'a sauvé la vie. J'étais tellement comprimé entre la portière et mon voisin que j'ai évité de recevoir le volant en pleine face. Le garçon assis à l'extrémité droite a eu les deux jambes cassées. Trois mois plus tard, ses jambes étaient toujours plâtrées. J'espère qu'il en a retrouvé l'usage et qu'il ne boite pas.

Heureusement, il n'y a eu aucun mort, mais c'est pour cette raison que le gouvernement italien avait glissé mon passeport dans la catégorie des indésirables. Quelques années plus tard, l'avocat de CBS, via le label italien Sugar Music, a rivalisé d'arguments dans ses plaidoiries pour me permettre d'assurer la promotion de mes disques de l'autre côté des Alpes.

Au volant de ma Mercedes, il m'est arrivé plusieurs fois de partir en tête-à-queue sur l'autoroute. Une fois, à cause du verglas, j'avais projeté ma voiture allemande par-dessus la barrière de sécurité et je m'étais retrouvé de l'autre côté de la voie rapide. Physiquement, je m'en suis toujours bien sorti. Avec l'âge, je me suis amélioré, mais j'ai toujours eu une tendance à rouler vite. Ma spécialité, c'était de doubler un camion dans un virage en priant gaiement pour qu'il n'y ait personne en face. Jeune, au volant, je n'étais pas vraiment recommandable.

En conclusion de ma période Barclay, on peut dire que j'ai enregistré dix quarante-cinq tours, dont aucun n'a vraiment fonctionné. Je suis passé chez CBS : le premier disque s'est vendu à sept cent mille exemplaires, le deuxième à un million !

HISTOIRE D'UN TUBE – *TROP BEAU* (*SUGAR BABY LOVE*)

Au fil de ce livre, je vais vous raconter l'histoire de mes plus grands tubes. Il serait inopportun pour moi de le faire sans *Patrick Loiseau*, l'auteur de tous mes succès.

Patrick, te souviens-tu comment tu as commencé à écrire des chansons ? Personnellement, je n'ai pas oublié.

Patrick : voyons si ta mémoire est bonne…

Quand on s'est installés ensemble, en 1971, je continuais à chanter en faisant la manche, et Patrick travaillait comme vendeur chez Yves-Saint-Laurent. Parallèlement, il dessinait de plus en plus. Le dessin était sa passion, et il a un talent impressionnant. Son beau-père lui avait refusé les Beaux-Arts, alors il était parti vivre seul à Paris. Il dessinait des pochettes d'albums pour de nombreux artistes, de Daniel Guichard à Dalida. Je l'ai exhorté à quitter Saint-Laurent pour vivre de son métier de dessinateur, ce qu'il a fait. Entre-temps, je l'ai emmené en vacances en Méditerranée, sur le bateau de Joost. Patrick est devenu parolier par hasard, entre la Grèce et la Turquie.

C'est tout à fait exact. Je n'avais jamais écrit de chanson de ma vie. Pas même le moindre poème. En revanche, j'écoutais beaucoup les chansons des autres et accordais beaucoup d'attention à l'identité des auteurs-compositeurs. Ma seule passion restait le dessin. Jamais je n'avais imaginé écrire des paroles de chansons. Cependant, à bord du Justus, une idée m'a traversé l'esprit : Un Rocher sur ton île. *J'ai écrit un texte, accompagné d'une musique, composée dans ma tête, sans instrument.*

C'était une très jolie chanson.

C'était une jolie chansonnette, pas forcément géniale. À notre retour à Paris, Dave l'a enregistrée dans les studios Barclay et m'a poussé à travailler avec Patricia Carli (connue pour Arrête, arrête, ne me touche pas*), pour que j'apprenne un nouveau métier avec une artiste importante. Comme je n'avais rien à perdre, j'ai commencé à travailler sur des textes, avec le peu de moyens dont je disposais. J'avais peu de vocabulaire et de savoir-faire.*

Mais tu t'es fait avoir par cette grande artiste qui n'était pas vraiment honnête.

C'était un marché de dupes, car elle signait tous les textes à ma place. Il y avait une forme d'injustice. Agacé autant que dégoûté, j'ai fini par rassembler tous mes textes et je les ai déposés à la SACEM, bien décidé à interrompre son jeu *malhonnête et à reprendre mon travail de dessinateur... jusqu'au jour où Nicoletta a choisi l'une de mes chansons (*Sur les bords de la tendresse*). Malgré moi, j'étais pris dans un engrenage.*

C'est là que mon nouveau directeur artistique, Jean-Jacques Souplet, intervient. J'avais enregistré des chansons de Claude Morgan, mais au dernier moment, Jean-Jacques s'est ravisé, estimant que ce n'était pas assez accrocheur. Mon directeur artistique a alors entendu *Sugar Baby Love* sur le hit-parade de la BBC, un morceau des Rubettes. Ils étaient chez Polydor France, qui ne croyait pas au potentiel de cette chanson. Quand Souplet a contacté l'éditeur, celui-ci a accepté de nous céder le droit de l'enregistrer, tout en médisant sur moi :

— Okay, tu peux donner ce morceau à Dave. Il chante bien, n'est pas plus moche qu'un autre, mais il ne marchera jamais.

Moralité : ne jamais prononcer de phrases péremptoires ! Il est vrai que mes dix disques précédents étaient de cuisants échecs. Il n'était pas évident de miser sur mon succès. Ce qu'a pourtant fait Jean-Jacques Souplet.

Ce dernier a donc demandé des paroles à Yves Dessca, un des auteurs de Claude François, mais nous n'étions pas convaincus par l'efficacité de ses paroles.

J'étais présent dans les studios de CBE pour accompagner Dave. Jean-Jacques Souplet, qui savait que j'écrivais des paroles de chansons, m'a demandé un texte pour le lendemain, ou, au plus tard, le surlendemain ! Les délais étaient très courts. Il ne m'a pas choisi parce que j'étais le meilleur mais parce que j'étais là. Trop beau *n'est pas une chanson exceptionnelle, mais elle a marché !*

Ce serait trop beau
De retrouver rien qu'une fois
La joie des enfants
Retrouver le temps
Que l'on a laissé derrière soi
Rien qu'une fois
Imagine-toi
Que l'on oublie tout
Le mauvais, le pire
Le temps d'un sourire
Dans ce monde fou

Le succès me souriait enfin. Après dix bides consécutifs chez Barclay, je vendais trois cent mille exemplaires de *Trop beau*, et quatre cent mille de la version anglaise, *Sugar Baby Love*. Nous avons connu notre premier succès ensemble. Patrick en tant que parolier, et moi dans le rôle de l'interprète. Ensuite, tout s'est enchaîné à la vitesse de la lumière. Les télés, les galas…

Cet univers de chanteur de variétés était nouveau pour moi. Dave chantait parfois dans des endroits improbables. On appelait ça des « parquets ». C'était l'ancêtre du chapiteau.

Une sorte de tente toute plate, haute d'à peine trois mètres, qui pouvait contenir jusqu'à mille personnes. Qu'est-ce que ça sentait la bière…

Mais tu sais que moi aussi, je m'interrogeais. Est-ce que c'était ça, mon avenir ? Avant de vendre des disques, je n'avais jamais assisté à un spectacle de variétés. Je connaissais les concerts de musique classique ou de jazz. Quand on m'a dit que j'étais disque d'or, je m'attendais à chanter dans des salles flambant neuves tous les soirs, mais c'était loin d'être le quotidien d'une vedette… Même les plus grands chantaient dans les bleds !

Tu avais quand même plus l'habitude que moi. Quand tu chantais dans les cabarets, c'étaient aussi des endroits un peu spéciaux…

Tu te souviens quand je chantais *Trop beau* lors de la tournée Europe n° 1 avec Michel Delpech en vedette ?

Oui, tu n'avais que deux chansons…

Comment s'appelait la face B de *Trop beau*, déjà ?

Mille et une vies, *musique de Claude Morgan.*

C'était une chanson lente, pas très vendeuse…

Tu ne savais jamais par quel morceau commencer. Tu te demandais sans arrêt s'il valait mieux débuter avec ton grand succès, pour plaire d'entrée au public au risque de le décevoir lors de la deuxième chanson, ou au contraire conserver Trop beau *en seconde chanson pour finir en beauté, sous les applaudissements.*

C'était cornélien ! Je ne parviens plus à me souvenir de ce que j'avais décidé…

Tu alternais d'un soir à l'autre, sans trouver de solution idéale…

En tout cas, cette tournée était très agréable. On chantait tous les soirs. Il y avait à peine trente à quarante kilomètres de distance d'une ville à l'autre, c'était très confortable.

MICK, NANA ET ANNIE : LES SEULES FEMMES DE MA VIE

À la fin des années 1960, même si mes disques chez Barclay ne marchaient pas, j'étais régulièrement invité dans l'émission de Philippe Bouvard sur RTL pour interpréter mes chansons. Un jour, la vedette de l'émission était une chanteuse dont je n'avais jamais entendu parler : Mick Micheyl. Elle était l'une des premières parolières depuis la fin des années 1940 dans un milieu extrêmement masculin. Mick avait connu un immense succès en écrivant *Le Gamin de Paris*, chanté par Yves Montand, Francis Linel et surtout Patachou. Après mon passage, j'ai entendu Mick Micheyl répondre ainsi à Philippe Bouvard :

— Ce jeune garçon chante très bien. Ce qu'il fait me plaît beaucoup.

Un brin cynique, je pensais qu'elle voulait se faire mousser en étant gentille à l'antenne, ou alors qu'elle me jouait un numéro de charme. En réalité, je me trompais sur le personnage. Dans la loge, elle m'a donné son adresse. *38, impasse de Passy, Paris XVI*[e]. Plus de cinquante ans après, je ne l'ai pas oubliée.

— Venez me voir dimanche, j'aimerais écouter vos mélodies et vous proposer mes textes.

D'un naturel méfiant, le dimanche venu, j'ai pris une douche minutieuse ! Sans hésitation, j'étais prêt à coucher avec elle pour avancer dans la chanson. En réalité, Mick Micheyl était plutôt branchée femmes. Elle vivait avec l'épouse de son impresario, Roland Ribet. Pour plaisanter, elle glissait souvent :

— Il m'a tellement pris d'argent que je lui ai chipé sa femme !

Le plus amusant dans cette histoire décidément cocasse, c'est que Roland Ribet n'était pas si triste du départ de son épouse… puisqu'il « en était » lui-même !

Mick a écouté mes chansons, et en a même enregistré une (*Je bois dans ton verre*). Je m'étais inspiré d'un folklore yiddish pour la composer. Elle travaillait avec Marcel Hendrix, l'arrangeur de tous les premiers succès de Françoise Hardy, dont *Tous les garçons et les filles*. Cet homme m'avait fait une remarque que tous les chanteurs aimeraient entendre :

— Avec toi, Dave, je n'ai pas besoin d'écrire d'arrangements, ta voix sonne comme un orchestre.

J'étais très flatté.

Comme Roland Ribet était l'impresario de Nana Mouskouri, c'est grâce à Mick Micheyl que je suis parti en tournée pour la première fois de ma carrière, en 1969, en vedette anglaise de Nana. La vedette américaine était Claude Véga, l'une des plus grandes figures d'imitation que la France ait connues. Son numéro sur La Callas était très attendu par le public.

Étant donné qu'il s'agit de termes que l'on n'emploie plus, je vous rappelle que la « vedette anglaise » était le chanteur inconnu à qui l'on octroyait le droit de chanter quatre ou cinq chansons, tandis que la « vedette américaine » était un artiste qui commençait à rencontrer le succès, et pouvait ainsi chanter une petite demi-heure, juste avant la « vedette » – tout court – de la soirée.

Pendant la tournée, Stéphan Reggiani a également rejoint le programme. Il rencontrait de premiers beaux succès radiophoniques. Malheureusement, son père Serge s'est mis à chanter à peu près au même moment et a littéralement effacé son fils des tablettes du hit-parade. Stéphan Reggiani s'est suicidé, en 1980. C'est dur d'être écrasé par son père. C'est une situation presque inimaginable. Je me suis longtemps senti coupable de son suicide. Après la tournée, nous étions restés en contact. Souvent, il me téléphonait mais je ne donnais pas suite. Je commençais à connaître le succès avec *Trop beau/Sugar Baby Love*. J'avais un planning chargé, et l'égocentrisme d'une jeune vedette, aussi. Je n'ai jamais répondu à son invitation à boire un verre, et il s'est suicidé sans que je lui reparle. Ce n'est évidemment pas à cause de moi qu'il a commis l'irréparable, mais je pensais sans cesse : et si je l'avais invité à partir en tournée avec moi ? Et si j'avais été présent pour lui ?

Cette première tournée en 1969 était pour moi une expérience totalement nouvelle. Cela n'avait plus rien à voir avec mes activités de chanteur sur une terrasse ou dans une crêperie. Nous avons donné soixante galas, durant les deux mois d'été.

Je voyageais dans la voiture du présentateur, qui avait la particularité d'être naturiste. Il m'a conduit sur une plage de La Grande-Motte remplie de baigneurs en tenue d'Adam et d'Ève (hihihi), une grande première pour moi ! Je me souviens m'être fait une réflexion : les femmes âgées étaient plus agréables à regarder que les hommes. Bien sûr, elles avaient les seins tombants, mais le reste du corps était plutôt préservé, contrairement aux hommes, dont l'entrejambe horripilait mes yeux. Heureusement pour moi, je pouvais me rincer l'œil sur les quelques jeunes Apollons présents !

Durant cette tournée, j'avais été surpris par la gentillesse exemplaire de Nana Mouskouri. Elle voyageait avec Yorgos Petsilás, son chef d'orchestre, qui était aussi le père de son enfant.

Chaque soir, après ma prestation, je prenais plaisir à rester dans les coulisses pour écouter et regarder Claude Véga puis Nana Mouskouri. J'aimais lorsqu'elle interprétait *Tous les arbres sont en fleurs*, un hit de 1968. On pouvait trouver ses disques aussi bien à Hô Chi Minh-Ville qu'à New York. Nana Mouskouri est l'une des rares chanteuses francophones qui ont joui d'une carrière internationale (sans oublier Édith Piaf ou Charles Aznavour). Nana avait assuré beaucoup de concerts sur les campus américains avec Harry Belafonte.

Durant cette tournée, je m'étais fait une autre réflexion : on a beau être une grande vedette comme Nana Mouskouri, on chante aussi dans des petites villes ! Et souvent dans les chapiteaux ou sur les places de village… Souvent, les endroits où les artistes rencontrent le plus de succès sont effectivement les endroits les plus reculés, car leur passage représente l'événement de l'année. Si l'on chante à Lyon, c'est un spectacle parmi d'autres. La salle est probablement bien remplie, sans plus. Si l'on chante par exemple dans une commune comme Hazebrouck, toute la ville s'y presse, ainsi que les populations voisines à cinquante kilomètres à la ronde, et c'est bourré de chez bourré ! À l'époque, l'affichage était très important. De nos jours, avec internet, je suppose que c'est moins important.

Avec Nana, un administrateur financier nous accompagnait pour récolter la recette tous les soirs auprès de l'organisateur local. Un soir – je ne sais plus dans quelle ville, pardonnez ma mémoire –, les responsables n'étaient pas satisfaits des tarifs exigés, et pour se venger, nous ont payés en pièces de vingt centimes ! Difficile à transporter et à écouler…

À Auch, le spectacle avait été annulé à cause du mauvais temps. Nous logions tous dans le « palace » de la ville, même si nous avions des chambres moins chères que Nana et son Yorgos. Jean Vallée – le chanteur belge qui assurait avec moi la première partie – en a profité pour sortir sa guitare et proposer l'une de ses compositions à Nana Mouskouri, qui l'a enregistrée plus tard. Jaloux de la scène, je me suis précipité dans ma chambre pour aller chercher ma propre guitare. Malheureusement, ma chanson n'a pas plu à Nana. Mes compositions sont tellement personnelles que personne d'autre que moi ne peut les chanter… « Une explication de grande humilité… »

À la fin de la tournée, Nana a invité toute la troupe au restaurant, et depuis 1969, on ne s'est jamais perdus de vue. Elle m'a sollicité pour chanter en duo sur l'album de ses plus grands tubes, pour partager *Le temps des cerises*. J'étais très honoré qu'elle me le propose. En 2019, elle m'a encore contacté pour interpréter avec elle une chanson de Michel Legrand, au Grand Rex, lors d'une soirée organisée en hommage à ce grand compositeur. « Le duo de Nana Mouskouri avec l'inattendu et iconoclaste Dave fait plaisir à voir », avait écrit Le Parisien dans son compte-rendu. Iconoclaste est un adjectif qui me fait plaisir. En effet, j'ai trop longtemps été considéré comme un chanteur pour minettes un peu bêta. Le jour où la SACEM m'a proposé de présenter sa soirée annuelle, j'avais conscience que beaucoup d'auteurs étaient surpris de me voir à cette place. Heureusement, cette image évolue. J'ai la faiblesse de penser que les gens ont compris que j'avais un petit quelque chose dans le cerveau... même après être tombé de trois mètres de haut !

Quelques mois après la tournée avec Nana, j'ai fait une tournée avec Mick Micheyl aux Pays-Bas. Un spectacle très « Casino de Paris ». Je chantais une demi-heure en première partie !

En réalité, je crains qu'on m'ait surtout engagé comme interprète afin de pouvoir échanger avec les techniciens des théâtres hollandais.

Puis, en 1974, j'ai connu le succès avec *Trop beau/Sugar Baby Love* et *Vanina.*

Simultanément, Annie Cordy a connu un succès considérable avec *La Bonne du curé*, également chez CBS (et elle aussi, après avoir connu des vaches maigres chez Barclay, décidément). Jean-Jacques Souplet a donc proposé que nous fassions un Olympia ensemble. Évidemment, la notoriété depuis des décennies de la chanteuse de music-hall l'a placée en vedette du spectacle. Quant à moi, j'assumais pour la première fois de ma carrière le rôle de vedette américaine, en chantant une demi-heure. Après l'Olympia, nous sommes partis en tournée en tant que « co-vedettes ». De très longues années plus tard, j'ai retrouvé Annie dans le spectacle *Âge tendre*. Annie a toujours conservé une place importante dans mon cœur. Jusqu'à la fin de sa vie, nous avons entretenu des relations amicales.

Le répertoire d'Annie Cordy différait grandement du mien. Elle chantait principalement des chansons fantaisistes. En ce qui me concerne, je n'ai jamais interprété de textes comiques. Moi, c'est entre les morceaux que j'essaie d'être drôle !

En tournée, son mari ne la quittait pas. François-Henri Bruno était parfois assez cynique, notamment quand Annie parlait de « ses » musiciens en insistant un peu trop sur le pronom possessif :

— Ce ne sont pas *tes* musiciens, ma chérie. Dès qu'il y aura plus d'argent à prendre ailleurs, ils te laisseront tomber. Ce sont des mercenaires !

Si sa façon de l'exprimer était assez brutale, Bruno n'avait pas tort. Si je n'ai plus que vingt dates à proposer à mon guitariste, et qu'une nouvelle vedette débarque sur le marché avec des tournées marathons d'une centaine de dates, comment pourrais-je lui en vouloir de m'abandonner ? Les musiciens ne nous appartiennent pas.

Durant ma tournée avec Annie Cordy, j'ai beaucoup appris en observant la chanteuse belge avec ses admirateurs.

Quelle patience ! Elle ne quittait jamais la salle avant le dernier spectateur et ne refusait jamais un autographe. Suivant ce bel exemple, je me suis efforcé de faire de même depuis et j'espère, chers lecteurs, que vous êtes en mesure de le confirmer. Aujourd'hui, les selfies ont remplacé les dédicaces sur les photographies, mais c'est sensiblement la même activité en plus moderne – si ce n'est qu'il faut surveiller sa coiffure. Poser pour un selfie après un spectacle ou dans un supermarché, ce n'est toutefois pas la même chose. Dans la vie de tous les jours, on ne te demande pas une photo parce qu'on t'admire, mais pour la montrer à tout le monde le soir à la maison en disant : *regardez qui j'ai vu !*

Annie Cordy était une femme exceptionnelle, une très belle personne. Je ne l'ai jamais entendue dire du mal de qui que ce soit.

À l'Olympia, j'étais la vedette américaine. Je chantais une dizaine de chansons, quand Annie – dont le nom était inscrit en plus grosses lettres que le mien – en interprétait une vingtaine. J'avoue avoir peu de souvenirs précis de ce premier Olympia. Je sais seulement que j'avais pris énormément de plaisir, et que je n'étais pas stressé.

Après un mois à Paris, nous avons enchaîné avec une tournée d'hiver et une tournée d'été. Annie Cordy voyageait à bord d'une immense voiture américaine, conduite par son mari Bruno. Souvent, elle m'invitait à les rejoindre avec Patrick Loiseau et mon secrétaire particulier Franck Thomas. Il arrivait que Bruno s'assoupisse quelque peu au volant, sur l'autoroute. Quand cela se produisait, Annie Cordy se retournait pour me rassurer :

— Ne t'inquiète pas, ces grosses voitures, ça roule tout seul en ligne droite !

Quand ça durait un peu trop, elle lui donnait un petit coup de coude.

— Eh ! Bruno ! Tu dors…

Ce sont des instants inoubliables.

D'autres souvenirs forts : les tournées d'été d'Europe n° 1. Il y avait plus de cent dates, de juin à septembre, avec une tête d'affiche, que j'ai été à deux reprises, en 1975 et 1976. L'année précédente, je chantais en première partie de Michel Delpech.

Selon l'emplacement – et non la popularité –, il y avait entre deux et douze mille personnes. Quand on est jeune et inconscient, on pense que c'est grâce à son talent qu'il y a plus de monde que la veille dans une autre ville, mais en réalité, c'est seulement parce que la place du centre-ville est plus grande ! J'étais extrêmement heureux de faire cette tournée. Ensuite, j'ai aussi été la vedette de la tournée RMC.

Avant d'aborder un nouveau chapitre de ma croisière, je voudrais dire que j'ai toujours conservé un immense respect pour Mick Micheyl. En 2019, j'ai assisté à son enterrement, et j'ai été agréablement surpris d'y voir Laurent Gerra, l'imitateur de RTL. Ils sont tous les deux originaires de la région de Lyon. L'humoriste n'était pas là pour obtenir un article dans la presse ou une interview télévisée, mais par pur altruisme et gentillesse. J'ai trouvé ça admirable, et mon opinion à son sujet a changé positivement ce jour-là. Un jour, l'une de mes connaissances m'avait laissé entendre qu'il était légèrement homophobe, mais je pense que c'était une fausse accusation. Quand j'étais sur France 3 tous les dimanches, il m'imitait chaque semaine, en reprenant toujours mon expression phare : bonne fin de carrière ! J'avais effectivement l'habitude de prononcer cette phrase à la fin des interviews de mes invités. Je vous explique pourquoi : un jour, mon ami Daniel Auteuil se promenait à Paris, et a été abordé par des cinéphiles. À l'issue de la conversation, alors que Daniel prenait congé, l'homme lui a lancé très gentiment :

— Au revoir, monsieur Auteuil, et bonne fin de carrière !

C'était très innocent, mais probablement parfois dur à entendre… Mais comme cela m'amusait, j'ai repris l'expression à mon compte. En 2015, alors que je participais à l'émission du Tour de France, sur France 3, à l'occasion du grand départ de l'épreuve cycliste à Utrecht, aux Pays-Bas, j'ai réservé ma formule fétiche à Laurent Gerra : « Et bonne fin de carrière ». Il avait à peine 48 ans, mais ça l'a fait rire. Quand Laurent m'imite, il se sert de cette petite formule !

Comme toutes les autres « victimes » des imitations, je suis mal placé pour déceler une ressemblance !

Les deux meilleurs imitateurs – pour ce qui concerne ma voix – sont Thierry Le Luron et Michaël Gregorio. J'ai fait plusieurs spectacles avec ce dernier au théâtre du Châtelet et à Bercy. Il a une voix à tomber par terre, et c'est un amour de garçon. Nous interprétions, masqués dans des casques à la Daft Punk, *Vanina* ensemble, et je crois bien qu'il la chante mieux que moi !

Vous connaissez maintenant l'histoire des trois femmes importantes de ma vie d'artiste. Mick Micheyl, Nana Mouskouri et Annie Cordy. Merci, mesdames.

GODSPELL – MA SECONDE UNIVERSITÉ, AVEC DANIEL AUTEUIL

Godspell est un *musical* qui a triomphé au Cherry Lane Theater de New York, en 1971, avant d'être importé en France. Je considère cette comédie musicale comme mon université, option chant et jeu de scène.

Nous avons joué la version française de *Godspell* devant le public parisien pendant un an et demi, au théâtre de la Porte Saint-Martin, puis en tournée dans tout le pays, en 1972 et 1973.

J'y ai fait la connaissance entre autres d'Armande Altaï, et surtout, de mon ami, mon « frère », Daniel Auteuil.

La formule de ce spectacle ? Un dosage d'humour et de sérieux, un passage triste, une fin énergique. Depuis, j'ai basé mes spectacles sur la construction de *Godspell.* Au total, nous avons effectué plus de sept cents représentations. Forcément, ça laisse des traces sur le cerveau.

C'est l'un des meilleurs souvenirs de ma vie.

Je m'en sers beaucoup dans mes spectacles : savoir faire rire, mais aussi pleurer. L'émotion est dans les deux sens. Souvent, quand je chante *Dernier regard* avec des paroles écrites par Patrick Loiseau après le décès de ma mère, qui a été euthanasiée, j'entends pleurer dans la salle. Je ne chante pas pour faire de la peine aux spectateurs, mais pleurer peut faire du bien…

Tout ça, je l'ai appris dans *Godspell*, car je ne suis jamais allé dans la moindre école de théâtre.

Tout a commencé au magasin de musique Paul Beuscher, un jour où j'allais acheter des cordes de guitare.

À l'époque, aucun de mes disques n'avait fonctionné, mais les vendeurs étaient très sympathiques à mon égard. L'un d'entre eux m'interroge :

— Êtes-vous au courant des auditions qui se déroulent au théâtre de la Porte Saint-Martin ?

— Non.

— C'est pour le spectacle de *Roméo et Juliette*. Vous devriez tenter votre chance.

— Excellente idée, cher ami !

Aussitôt, je me suis rendu au théâtre de la Porte Saint-Martin. Sur place, je suis tombé sur une très longue file d'attente.

— Vous attendez pour le casting de *Roméo et Juliette* ?

— Non, pour *Godspell*.

J'ignorais de quoi il s'agissait, mais puisque j'étais là-bas, j'y suis resté et j'ai pris mon tour dans la file.

Les auditions duraient deux semaines. Elles étaient réalisées par l'équipe américaine du spectacle. On nous demandait de chanter, de danser et de jouer quelques sketchs.

Pour treize rôles (cinq filles, cinq garçons et trois doublures), nous étions genre neuf cents ! La foule des candidats remplissait tout le théâtre.

Quelques jours plus tard, j'ai reçu un coup de téléphone :

— Ça nous a bien plu, tu peux revenir.

Lors du deuxième tour du casting, qui se déroulait dans une salle du quartier Pigalle, nous n'étions plus que cent candidats.

Le dernier tour était le plus resserré : nous étions vingt-deux. Nous savions tous que la moitié d'entre nous seraient choisis pour le spectacle.

Pendant ce temps-là, je gagnais toujours ma vie en faisant la manche. Je n'avais pas spécialement besoin de ce rôle dans *Godspell*, mais à force de passer des castings, je m'étais pris au jeu et j'avais envie de gagner.

Et j'ai gagné… partiellement, dans un premier temps. J'ai été retenu dans le rôle de doublure. Un peu « blessé » d'être à la fois retenu mais en doublure, je n'ai pas dit toute la vérité à mon compagnon Patrick. J'avais prétendu avoir obtenu un rôle, en restant le plus vague possible.

Heureusement, dès le premier jour de répétitions – au théâtre Mogador –, les responsables de la comédie musicale ont décidé d'inverser les rôles et m'ont confié une place de titulaire que je n'ai jamais lâchée. Ainsi, mon petit mensonge à Patrick n'avait pas duré longtemps…

Je me suis donc retrouvé au milieu de cette troupe de treize comédiens, parmi lesquels de futures « vedettes » : Daniel Auteuil, Grégory Ken – *Chacun fait (c'qui lui plaît)*[5] –, Armande Altaï, Anne Jousset…

Les répétitions – quotidiennes – duraient un mois. J'ai sympathisé avec Daniel Auteuil dès le début de cette aventure. On a décidé de faire loge commune. Pendant deux ans, nous avons presque vécu ensemble ! Cela n'empêchait pas Patrick Loiseau de venir régulièrement – je pense qu'il a vu ce spectacle au moins quinze fois ! À l'époque, nous habitions déjà ensemble, même si je passais toutes mes soirées au théâtre. Souvent, les acteurs qui jouent ensemble pendant une longue période se recroisent au fil de leur vie. Cependant, je crois que les vraies amitiés sont rares. Celle que j'ai avec Daniel Auteuil fait partie de ces délicieuses raretés. Le summum de l'amitié, c'est de considérer un ami comme un frère. Mes deux frères le seront jusqu'à la fin de mes jours, évidemment. J'entretiens avec eux une très belle relation.

5. Chanson de Chagrin d'amour.

Mais l'amitié est une fraternité choisie. C'est différent. Cela ne repose pas sur des souvenirs d'enfance et le fait d'avoir été élevés ensemble. C'est une amitié épidermique provoquée par les hasards de la vie. Un mélange d'admiration et de satisfaction pour l'autre. Je suis devenu un chanteur populaire avant que Daniel ne devienne l'un des acteurs préférés des Français. En a-t-il été jaloux ? Pas du tout ! On n'est pas envieux du frère que l'on a choisi. Daniel fait partie de ma vie depuis 1971. J'ai connu « toutes ses femmes » et suis très attaché à ses enfants. C'est très émouvant pour moi d'en parler, car notre amitié n'a jamais connu la moindre pause.

Bernard Callais (Jésus) et Grégory Ken (Judas) avaient des rôles fixes, mais les trois autres garçons – dont moi – avaient des rôles multiples. L'histoire se passait dans les rues de New York, on jouait des adolescents. Il y avait beaucoup de chansons, ce qui m'arrangeait bien, pour une raison que vous comprendrez vite.

En effet, j'aimerais vous confier la première conversation dont j'ai le souvenir avec Daniel. Durant les répétitions, il m'avait glissé à l'oreille :

— Dave, qu'est-ce que tu chantes bien… mais qu'est-ce que tu joues mal ! Moi, c'est plutôt le contraire.

Nos carrières ont prouvé qu'il n'avait pas tort sur nos spécialités, même si désormais, Daniel fait aussi le chanteur. Il a sorti deux albums : *Si vous m'aviez connu*, en

2021, et *Si tu as peur, n'aie pas peur de l'amour*, en 2023. Il se débrouille très bien dans cette nouvelle activité. Il donne énormément de concerts – plus que moi, en ce moment – et me fait penser à l'une de ses idoles, Serge Reggiani. Daniel est avant tout un « acteur qui chante », à la manière de Jean Gabin ou d'autres avant lui. Grâce à sa science de la comédie, il tient la scène à merveille. Avant d'exploser en tant qu'acteur, il avait déjà sorti un disque très réussi, *Que la vie me pardonne*, qui avait plutôt bien marché, en 1985 chez Tréma, sans toutefois devenir un disque d'or. Je ne sais pas comment expliquer cette attirance commune, mais le fait est que beaucoup d'acteurs veulent être chanteurs, et inversement. Très franchement, ce n'est pas mon cas. Il est toutefois assez rare qu'un artiste connaisse le même succès, et en même temps, dans ces deux rôles (hormis Patrick Bruel).

Daniel a commencé par le théâtre. Je l'ai vu jouer avec, entre autres, François Périer et Maria Pacôme ! On sait qu'il est un immense acteur. Sa carrière au cinéma a évidemment explosé avec *Jean de Florette* et *Manon des sources*. Rendez-vous compte : il y avait Gérard Depardieu au casting, mais le César du meilleur acteur a été attribué à mon ami Daniel. Depuis lors, il n'a jamais disparu du paysage cinématographique français.

Daniel et moi, on n'a jamais fait de cinéma ensemble. Mais je suis encore jeune, non ?

Le seul reproche qu'il me fait parfois, c'est de trop parler (et il n'a pas tort).

Exemple : je me souviens d'une émission de télévision aux Pays-Bas.

— Dave, êtes-vous toujours capable de réciter le Notre-Père en hollandais ?

— Oui, quand j'ai bien joui !

Scandale, évidemment ! Choqués devant leur télé, mes deux frères m'avaient appelé sur-le-champ pour me conseiller de surveiller mon langage. Mais c'est bien moi : j'ai tellement envie d'épater la galerie que je me laisse souvent aller à des phrases que je regrette.

Dans ses différentes versions, *Godspell* a connu le succès dans beaucoup de pays chrétiens (États-Unis, France, Italie, Espagne, Pays-Bas…), car c'est un spectacle conçu à partir de l'Évangile de saint Matthieu. Cependant, il n'y avait pas que des croyants dans la salle ni sur scène !

C'est d'ailleurs la première fois de ma vie de chanteur que je profitais d'un salaire mensuel fixe. Commercialement, les années *Godspell* m'ont été très bénéfiques. En effet, la chance a voulu que Gérard Lenorman soit repéré dans la comédie musicale *Hair*, en 1971. Ainsi, son producteur Jean-Jacques Souplet s'était dit que les comédies musicales étaient une belle pépinière et s'était mis à assister à toutes celles qui passaient, dont *Godspell*. Malgré mon insuccès chez Barclay, la maison de disques CBS m'a donc proposé un contrat, et bingo, le premier quarante-cinq tours a été un hit !

Jean-Jacques Souplet avait beaucoup de chance : il en a eu avec Gérard Lenorman, Anne-Marie David qu'il a engagée juste avant qu'elle ne gagne l'Eurovision, Gérard Blanc (le chanteur de Martin Circus)... Son père, Jacques Souplet, était le PDG de CBS, mais Jean-Jacques n'a pas obtenu son poste d'une manière népotique. Il a commencé au bas de l'échelle et s'est construit lui-même son propre succès.

Quelque part – et encore plus depuis ma chute en janvier 2022 –, je considère que j'ai un fond croyant. Trop flou pour me rendre au temple, à la synagogue ou à l'église chaque semaine...

J'ai surtout retenu la leçon de saint Paul : *Demander quelque chose à Dieu est une preuve de foi.* Je passe donc ma vie à lui demander, entre autres, de me rendre le goût et l'odorat, qui ont disparu depuis mon accident...

Je n'ai jamais posé cette question à un psychanalyste (je préfère raconter ma vie à un « *ghostwriter* »), mais ce fond de croyance repose peut-être sur l'atavisme hébraïque du côté de mon père d'origine juive.

Pendant un an et demi, nous avons rempli le théâtre de la Porte Saint-Martin, avant de partir en tournée deux saisons d'affilée, en France. Puis la Suisse et la Belgique, sans oublier la Martinique et même, incroyable mais vrai, le Vatican...

HISTOIRE D'UN TUBE – *VANINA*

En 1974, je jouais le rôle de Bougrelas dans la pièce de théâtre musicale d'*Ubu Roi*, au festival d'Avignon, dans la mise en scène de Georges Wilson et avec la musique d'Antoine Duhamel. Pendant que j'étais sur scène, Patrick était dans notre chambre d'hôtel, avec une mission : trouver mon deuxième « tube », qui viendrait surfer sur la vague de *Trop beau*.

Patrick : Il fallait enchaîner avec quelque chose. Dans ma chambre d'hôtel d'Avignon, je travaillais sur de nouvelles idées. Je me remémorais les morceaux anglais que Dave chantait quand il faisait la manche, et j'ai repensé à Runaway, *de Del Shannon. J'ai donc écrit une adaptation, qui contenait assez peu de texte.*

Loin de toi, je me demande
Pourquoi ma vie ressemble
À une terre brûlée

Mais quand l'amour prend ses distances
Un seul être vous manque
Et tout est dépeuplé

Je chante *Runaway* depuis ma jeunesse. Je l'ai découverte dès sa sortie, en 1961.

Jean-Jacques Souplet a trouvé ça bien, mais il pensait qu'il manquait un prénom de fille. J'ai donc choisi Vanina, le prénom de ma meilleure amie.

Grâce à toi, elle est passée à la postérité ! C'est triste, car souvent, on me demande ce qu'est devenue Vanina – elle est décédée. Quand je le dis aux fans, ils rient car ils pensent qu'il s'agit encore d'une nouvelle plaisanterie de ma part. On me croit encore plus cynique que je ne le suis.

Vanina, rappelle-toi
Que je ne suis rien sans toi
Vanina, si tu m'oublies
Je serai pour la vie
Seul au monde

À la maison, j'avais commencé à réviser la chanson. Mais l'enregistrement en studio a été déterminant… Dans la version originale de *Runaway*, la partie d'orgue est intégralement instrumentale. Au dernier moment, il a été décidé que je chante des onomatopées de *Vanina* sur les notes du Farfisa (un vieil orgue italien). Tiens, d'ailleurs, qui avait eu cette idée ?

À ton avis ?

Je ne m'en souviens plus… c'était toi ?

Non…

Jean-Jacques Souplet, moi ?

Non !

Bernard Estardy, l'ingénieur du son ?

Évidemment ! C'est une idée typique de Bernard Estardy. Tu étais en train d'enregistrer la chanson comme prévu quand il t'a proposé de tenter de doubler les notes du Farfisa.

Ce gimmick fait probablement partie du succès de *Vanina*. Je suis le seul à l'avoir interprété ainsi, parmi les dizaines d'interprètes de *Runaway*. Même Elvis Presley a chanté ce morceau. J'aime la version d'Elvis… mais la nôtre nous rapporte plus ! On a vendu plus d'un million de disques à l'époque, et je pense qu'aujourd'hui, on n'est pas loin du double ! Ma carrière était définitivement lancée, et Patrick était devenu un parolier important.

HOMOSEXUEL, BISEXUEL, ET ALORS ?

C'est au lycée que je suis tombé amoureux d'un garçon pour la première fois : Jan Geert (en français, Jean Gérard – je vous assure que cela sonne mieux en néerlandais). On n'a jamais couché, mais je l'aimais... Aujourd'hui, les enfants savent déjà plus ou moins ce qu'est l'homosexualité. Moi, à 13 ou 14 ans, je ne savais pas grand-chose. J'avais la sensation d'être un adolescent anormal. À 14 ans, j'ai fugué de chez mes parents après avoir entendu mon père parler d'un couple d'amis homosexuels qui vivait en Corse. Je suis parti en auto-stop dans l'idée de les rencontrer. Comme je me sentais différent, j'ai pensé que je serais plus à l'aise avec eux. Arrivé vers la frontière allemande, il s'est mis à pleuvoir et j'ai regretté ma décision, inquiet par la longue route qu'il restait jusqu'à Ajaccio. J'ai alors fait du stop dans le sens du retour !

Je ne me souviens pas précisément de ma première fois avec un homme. Je me souviens en revanche de l'émission *Le Jeu de la Vérité* présentée par Patrick Sabatier, avec Coluche comme invité. Il a répondu, avec son honnêteté exemplaire, à un homo qui voulait savoir s'il connaissait l'amour gay qu'il avait « essayé », mais que ça ne lui avait « pas plu »...

Quelque temps plus tard – j'étais déjà majeur et j'avais déjà mis les voiles vers la France –, j'ai ressenti l'envie de passer à l'acte. Dans un bar à Marseille, un garçon s'est collé dans mon dos, pendant que je me lavais les mains aux toilettes, et a commencé à m'embrasser. « Olfactivement », ce n'était pas le meilleur endroit pour ressentir quoi que ce soit, pourtant, j'ai eu la surprise de me sentir excité. Comprenant que je devais aller au bout de cette expérience, j'ai cherché à retrouver « l'amant égaré ». Hélas, il venait de s'envoler vers la Tunisie, terre de ses grands-parents. Dans le fol esprit de ce baiser, j'ai acheté un billet troisième classe pour un Marseille-Tunis en bateau, et je l'ai trouvé... J'ai eu ma première expérience à Gabès, dans le sud de la Tunisie !

Sur le plan psychologique et physique, je trouvais intéressant de faire l'amour comme ma sœur.

À Amsterdam, je fréquentais souvent les bars homosexuels, et il m'arrivait parfois de me réveiller le lendemain matin avec quelqu'un que je ne connaissais pas. Une nuit, alors que j'étais ivre mort, j'avais suivi un homme dans son appartement. Je me souviens avoir été réveillé par une sensation de froid à l'entrejambe : l'inconnu avait entrepris de nettoyer mon sexe dans son verre de whisky glacé, avant de me faire une fellation.

Un autre soir, alors que je me trouvais encore dans un bar, un homme mûr m'a abordé, on a discuté, et j'ai fini par le suivre dans son appartement. Il a commencé à me toucher, mais il était beaucoup plus âgé que moi. J'ai quitté son appartement dès que j'ai pu et suis retourné au bar. J'ai raconté ma mésaventure à un groupe de garçons de mon âge, qui me plaisaient beaucoup plus. Ils étaient dégoûtés pour moi et m'ont fait passer une bien meilleure fin de soirée…

Je couchais aussi bien avec des garçons qu'avec des filles.

J'ai parfois été victime d'insultes homophobes. Même si je ne suis pas un bagarreur, je ne suis pas non plus de tendance craintive, alors j'avais tendance à réagir violemment. Un jour, alors que je marchais dans la rue, un homme m'a doublé en voiture en criant « pédé » : je me suis mis à courir derrière le véhicule. Pensez-vous qu'il s'est arrêté pour assumer son insulte en face de moi ? Il a fui, comme un lâche…

Un jour, un jeune homme a donné un coup de couteau dans le pneu de ma Mercedes. L'ayant rattrapé au bout de la rue, je l'ai foutu par terre, et je me souviens qu'il m'a dit :

— Eh, c'est pas parce que t'es connu que t'as le droit de me casser la gueule !

Étonnant, non ?

J'ai bien conscience que certaines querelles auraient pu mal se terminer pour moi, mais je m'en suis toujours bien sorti. Un soir, j'ai compris dans le regard de l'homme qui m'insultait que j'avais intérêt à accepter son homophobie sans broncher, car il voulait vraiment en découdre. Le courage, c'est souvent de la bêtise, alors ce jour-là, j'ai décidé d'en manquer.

Je suis mal placé pour évoquer l'homophobie, car les gens célèbres la subissent beaucoup moins que les anonymes.

Si des jeunes tombent sur ce livre, ils seront peut-être surpris d'apprendre le fonctionnement de la société il y a cinquante ans. Mais quand j'étais une vedette, que ma photo et mon nom étaient souvent dans les journaux, et qu'on m'invitait dans le poste de télévision des Français le samedi soir : personne – je dis bien personne, hormis mes proches – ne savait que j'étais gay et que je vivais en couple avec un garçon. Podium, SLC ou Hit-Magazine passaient leur temps à raconter mes futures fiançailles ou mes prétendues liaisons avec telle ou telle fille, mais tout était faux. Dans les années 1970, l'homosexualité restait taboue, voire honteuse. Moi, j'assumais. Mais personne n'en parlait. Jamais un journal n'aurait écrit que j'étais homo. Jamais Michel Drucker ne m'aurait proposé à l'époque d'inviter Patrick Loiseau à mes côtés sur Antenne 2. Pendant ce temps-là, les médias digressaient sur la vie amoureuse de

Johnny et Sylvie, de Jacques Dutronc et Françoise Hardy, de Claude François et France Gall, etc.

Je n'étais pas spécialement frustré par la situation, car j'avais conscience de ce qu'on pouvait dire, ou pas, en France, où la pudibonderie régnait. D'autres pays, comme les Pays-Bas, avaient beaucoup d'avance sur le sujet.

Laissez-moi vous raconter une anecdote, qui m'a marqué, et qui vous aidera à comprendre l'ignorance de l'époque. Au moment où *Vanina* est sortie, l'un de mes fans, originaire de l'est de la France, était venu me trouver à l'issue d'un concert. Il était boxeur, je crois :

— Dave, je ne sais plus quoi faire. Mes copains du club savent que je suis fan de toi, et passent leur temps à me demander : « pourquoi t'écoutes ce pédé en concert ?! » Qu'est-ce que je peux faire ?

— Envoie-leur un pain dans la figure !

En lui répondant avec le sourire, je pensais intérieurement : il se fout de moi ou il connaît mon orientation sexuelle ? Après enquête, je peux vous le dire : il venait souvent dans mes concerts, mais il ne savait pas que je vivais avec un garçon ! La presse écrivait que j'étais le chanteur adulé des « minettes », c'est-à-dire des jeunes filles, donc il n'imaginait pas que je préférais les garçons…

Même dans les années 2000, la production de *Qui veut gagner des millions ?* avait refusé que Patrick m'accompagne pour participer en duo à une émission qui rassemblait des personnalités pour une association caritative. On ne m'a pas donné la moindre raison valable…

Heureusement, la société a beaucoup changé, grâce à la jeune génération. Je suis particulièrement frappé de constater à quel point la bisexualité est acceptée – voire répandue ? – dans les lycées, aujourd'hui.

PATRICK LOISEAU – MON PAROLIER, MON AMOUR

À la fin de ma période cabaret, je me produisais au Polly Maggoo et au Who's Bar, rue Saint-Jacques, avec mon ami Charles Brutus McClay. Le Who's Bar ressemblait beaucoup aux cafés typiques d'Amsterdam. J'y chantais tous les week-ends, et c'est là que ma vie a basculé.

Un soir, Patrick Loiseau a reçu un coup de téléphone de son amie Laura. À ce moment-là, il ne savait rien de moi, et je ne savais rien de lui.

— Allez, Patrick, tu ne sors jamais, tu devrais m'accompagner au Who's Bar, il y a deux chanteurs formidables !

Laura – celle, bien plus tard, de *Mon cœur est malade* – parlait de Charlie et moi. Ce soir-là, mon copain écossais était parti en Angleterre pour visiter ses parents. Je chantais donc seul. Dans le public, j'ai vu Patrick Loiseau pour la première fois. C'était le samedi 6 février 1971. On ne s'est quasiment plus quittés depuis ce jour-là.

J'ai repéré Patrick dès la première chanson. Je le trouvais très beau, très féminin, mais pas efféminé. Il portait les cheveux longs et des cuissardes qui me faisaient penser à un prince des contes d'Andersen. Très sexy, il portait un pull Yves-Saint-Laurent avec des manches mi-bleu foncé, mi-gris. Il était presque trop joli pour être un garçon. Pendant que je chantais, je m'interrogeais, et craignais qu'il ne soit trop efféminé, maniéré et parlant comme une « folle ». En réalité, pas du tout. Il avait la voix d'un baryton – bien plus grave que moi. Son attitude était tout à fait normale. À l'époque, rien ne l'énervait plus que le fait d'être appelé « mademoiselle » dans la rue. Il n'y était pour rien : ses longs cheveux, son visage fin, sa beauté !

À la fin de mes quatre chansons, j'ai vu que ce jeune homme séduisant se dirigeait vers les escaliers, pour quitter le sous-sol. Je ne voulais pas laisser passer cette chance. Il faut dire que j'étais désinhibé par l'alcool. Quand j'étais chanteur de rue, je buvais beaucoup, pour avoir constamment l'air joyeux. Ce soir-là, j'ai dû boire une dizaine de calvados, mon alcool favori de cette époque. J'ai couru vers Patrick et j'ai entamé la conversation, afin de déterminer « si j'avais une ouverture », comme disait Michel Blanc dans *Les Bronzés*. Dès que je rencontrais un garçon séduisant, je me posais toujours la même question : est-ce qu'il est comme moi ? Patrick ne m'a pas répondu directement. Je ne sais plus précisément ce qu'il m'a dit, mais il est volontairement resté vague. Ce n'était ni oui, ni non. C'était plutôt : *Va savoir !*

Avant qu'il ne parte, je lui ai glissé que je chanterais au même endroit le lendemain soir.

J'ai attendu fébrilement toute la journée. Lors de mon passage à La Crêperie de 19 heures à minuit, je ne pensais qu'à lui !

S'il revenait au Who's Bar, il y avait de l'espoir...

Et le beau Patrick est venu !

Après mon boulot, je lui ai proposé de venir boire un dernier verre chez moi. Il était 2 heures du matin. Nous habitions presque le même quartier : lui, rue Tournon, moi, derrière la place Saint-Sulpice.

Patrick aimait beaucoup la musique pop anglaise. Je lui ai chanté les deux ou trois chansons dont j'étais fier, celles que j'avais écrites pour Joost. À l'époque, j'enregistrais déjà chez Barclay, mais tous mes disques avaient fait un flop. Patrick a aussitôt compris que j'aimais un autre garçon et qu'il s'agissait d'un amour impossible. Ce drame romantique nous a rapprochés, car lui aussi sortait d'une histoire sentimentale extrêmement forte avec Anthony Perkins, l'acteur américain. Forcément, j'allais être flatté de passer après une telle personnalité. C'est quand même mieux que de remplacer une mocheté ! Cela prouve aussi l'absence de snobisme et de sectarisme de Patrick Loiseau, qui est passé d'un acteur mondialement connu à un jeune garçon qui chante en faisant la manche dans les rues de Paris.

Physiquement, il ne s'est rien passé entre nous lors de ce premier « rancard ».

Le dimanche, il m'a invité chez lui, dans le petit appartement où il vivait avec son frère. Sur son canapé, nous avons regardé *L'invité du dimanche*, une émission de variétés. Nous nous sommes embrassés là pour la première fois.

Très peu de temps après, nous avons décidé de vivre ensemble.

Rapidement aussi, nous avons eu notre première dispute. Je l'avais traité d'antisémite ! Mon père m'avait dit un jour : « Ceux qui ne sont pas juifs sont presque toujours antisémites ! » Patrick était entré dans une colère folle et s'était échappé dans la rue. Je m'étais rué dehors pour le rattraper et lui présenter mes excuses. Heureusement, nous nous sommes réconciliés.

Nous avons déniché un studio qui se trouvait presque en face de l'appartement de Françoise Hardy, l'idole de Patrick. Ce dernier m'a juré qu'il s'agissait d'un heureux hasard de la vie, mais je ne sais toujours pas si je dois le croire. Elle vivait au n° 10, nous étions au 13. Drôle de coïncidence, non ?

Je n'ai jamais eu une telle idole. Patrick était littéralement amoureux de Françoise. Il la vénérait. On peut dire qu'il admire Françoise depuis qu'elle existe. Quand il avait 15 ans, il assistait à tous ses concerts. À l'époque où elle chantait en vedette américaine des Compagnons de la chanson, il quittait la salle à l'entracte après la prestation de la future femme de Jacques Dutronc. La mère de Françoise, qui gérait sa carrière, avait l'habitude de voir au premier rang ce garçon au physique assez étonnant, et lui glissait des laissez-passer pour lui permettre d'entrer dans les coulisses. Pendant plusieurs années, Françoise Hardy a su qu'elle avait un jeune fan qui s'appelait Patrick Loiseau. Plus tard, ils sont devenus beaucoup plus proches, et Françoise et Patrick ont cosigné les paroles de « Noir sur blanc », la chanson d'ouverture et single de l'album *La Pluie sans parapluie*. Pour un fan comme Patrick, écrire une chanson pour son idole représente beaucoup. C'était un sentiment extraordinaire de recevoir un coup de téléphone de la vedette yéyé lui disant :

— Patrick, j'aime beaucoup ton style d'écriture, voudrais-tu m'écrire un texte sur une mélodie de Calogero ?

Il pleut, il mouille
Encore un jour d'embrouilles
Ni zen ni cool
Plutôt du genre gribouille
J'me roule en boule
Faut-il croiser les doigts
Pour pas que je me noie ?

Aujourd'hui, Françoise et Patrick se voient souvent. Leur relation idole-fan est devenue de l'amitié, Françoise dixit.

Lors de l'été 1973, nous avons à nouveau rejoint le *Justus*, qui était amarré à Rhodes. Dans les îles grecques, suivant une étonnante inspiration, il a écrit et composé sa première chanson : *Un Rocher sur ton île*.

En 1974, il m'a écrit *Trop beau* (trois cent mille disques vendus), adaptation de *Sugar Baby Love* (quatre cent mille). Le succès avait enfin frappé à ma porte, et je pense que je le devais autant à mon compagnon qu'à ma nouvelle maison de disques.

Ce quarante-cinq tours a lancé ma carrière de chanteur… et la carrière de parolier de Patrick. Nous avons connu le succès ensemble, l'un n'allait pas sans l'autre. J'avais besoin de ses paroles et il avait besoin de ma voix.

Trois millions de ventes en dix-huit mois, j'enchaînais tube sur tube avec des disques d'or deux fois par an. Et à chaque fois, avec des textes de Patrick ! Forcément, entre les disques, les spectacles et ses droits d'auteur, l'argent rentrait. Il avait de très bonnes idées et a toujours su se renouveler.

Ces succès ont consolidé notre couple. Si nous avions été deux chanteurs, il aurait pu y avoir de la jalousie. Là, il s'agissait d'une collaboration.

Je regrette que Patrick Loiseau ne soit pas devenu un autre Didier Barbelivien. (Intéressé, moi ?) Il aurait pu profiter du succès de nos chansons pour répondre aux nombreuses sollicitations qu'il recevait, et écrire ainsi des hits à tous les chanteurs de variétés français. Il a quand même écrit pour Demis Roussos, Richard Anthony, Jeane Manson, Sylvie Vartan, Hélène Ségara, etc., mais il avait le talent pour en faire encore plus. Sa plume convenait très bien aux femmes, notamment.

Dans les *seventies*, comme on dit en bon français, mon amoureux suivait toutes mes tournées. On vivait sur la route. On ne se quittait jamais. On a vécu la folie du succès bras dessus, bras dessous. C'était exaltant.

Durant au moins sept ans, nous avons été parfaitement fidèles l'un à l'autre. Il paraît qu'une réaction chimique se produit après sept ans et que l'attirance sexuelle s'amoindrit dans beaucoup de couples.

Un jour, par la fenêtre du *Club 13* à Deauville, nous avons aperçu la fille d'Hélène Rochas avec un très beau garçon. Elle dirigeait L'Élysée-Matignon, la fameuse discothèque parisienne à la mode. Cela nous a donné des idées, et nous avons commencé à sortir en boîte.

À L'Élysée-Matignon, nous sortions quasi toutes les nuits. Nous rencontrions de beaux garçons avec qui nous avions quelquefois des aventures à trois. Ce n'était pas de l'infidélité, simplement de l'amour en trio.

Je n'ai jamais été un consommateur de drogues, mais à cette époque, il m'arrivait de sniffer une ligne : à 2 heures du matin, quand j'avais envie de me coucher, on me donnait de la poudre pour pouvoir continuer à faire la fête…

L'une des rares fois où j'étais vraiment trop « high », c'était à Montréal, pour un voyage de promotion. En pleine interview, le journaliste me jetait des regards étranges, car je répondais trois fois d'affilée à chacune de ses questions. La veille, lors d'une fête organisée par l'un des promoteurs de la filiale canadienne de CBS avec une douzaine de personnes, de petits bouts de cannabis se carbonisaient sur un brûleur de gaz, comme des chamallows à un feu de camp ! Avec une paille, on avalait tous la fumée. J'étais déjà fatigué du décalage horaire, alors les volutes de marijuana m'ont rendu complètement stone. Patrick se souvient toujours du moment où il a posé l'œil sur moi, réalisant que j'avais le regard vitreux et le teint blanc, et que je ne réagissais plus à la conversation.

— Attendez, je crois que mon copain a un problème !

Patrick m'a alors pris dans ses bras. Il paraît que j'étais aussi froid que blanc. Dans un état second, j'ai murmuré à mon compagnon :

— Je crois que je vais mourir, mais ce n'est pas grave, car je vais mourir auprès de mon amour.

Vous connaissez le succès de Demis Roussos, *Mourir auprès de mon amour*. Vous comprenez désormais comment Patrick Loiseau a eu l'idée de cette chanson ! Mon directeur artistique n'avait pas voulu que je chante ce texte.

Encore aujourd'hui, cette chanson rapporte de l'argent à Patrick. Comme quoi, la drogue a du bon... Je plaisante, évidemment !

Quand je pense à la drogue, je me revois allongé devant un bar, à Belém, au Brésil. Sur le sol crasseux, au milieu de poubelles, je nageais dans le bonheur absolu de mon paradis artificiel. Je me souviens aussi de nombreuses crises d'hilarité. Qu'est-ce que cela peut faire rire ! Après un ou deux joints, on ne s'arrête plus de s'esclaffer, sans comprendre pourquoi, dans un sentiment de liberté totale.

Personnellement, je n'ai aucun mal à avouer tout ce que j'ai pu essayer : cannabis, LSD, champignons hallucinogènes, cocaïne...

En revanche, je n'ai jamais été ni héroïnomane, ni cocaïnomane. Je n'ai jamais consommé par nécessité vitale. J'ai une amie qui fume un joint à son réveil, le matin. Je n'ai jamais eu envie de faire ça...

Je n'ai jamais acheté de drogue. Pas parce que je suis pingre, mais parce que j'en consommais seulement pour le plaisir, dans un usage festif, quand des amis m'en proposaient. En discothèque, nous nous cachions dans les toilettes pour prendre une ligne, et nous étions ragaillardis pour des heures ! Quand je consommais des substances illicites, cela m'endormait plus que cela m'énervait. Sur scène, si je chantais après avoir fumé, j'avais l'impression d'être meilleur que d'habitude, ce qui était complètement faux.

Pendant un an et demi, dans les années 1970, nous avons vécu à trois. Dave, Patrick, Titi. J'apprends qu'un mot existe désormais pour cela. Nous étions donc un *trouple*. Je trouve ce mot assez troublant, alors vous me permettrez d'employer le vocable *trio*. Titi était barman et avait le sens de la fête. Notre trio ne reposait pas seulement sur le sexe. C'était très tendre et romantique.

Titi était intégré à la famille. Nous avons acheté un lit un peu plus grand, car 140 cm à trois, c'est trop étroit !

C'était une jolie relation, avec de l'affection réciproque. Nous ne sommes pas des extraterrestres : ce genre de situation existe. Le ménage à trois est dépeint dans le film *Pourquoi pas ?* de Coline Serreau, avec Sami Frey. De même, la sœur de ma meilleure amie a vécu jusqu'à sa mort avec deux hommes. Bien sûr, on couchait tous les trois ensemble, mais ce n'était pas qu'une histoire de sexe. C'était plus que cela.

Un soir, nous étions invités chez un ami du show-biz qui cherchait un partenaire sexuel. J'ai demandé à Titi si ça l'intéressait. Il m'en a voulu à mort ! *Je ne suis pas celle que vous croyez !* Sa réponse m'a prouvé que sa présence dans notre lit était plus sentimentale que sexuelle. Je n'avais pas dit cela par méchanceté.

Pour moi, avoir des relations sexuelles peut être une simple gymnastique. On se rend service mutuellement. Je vais être vulgaire : à mes yeux, *baiser* et *faire l'amour* sont deux choses différentes. Et avec Titi, je crois bien qu'on faisait l'amour.

Après un an et demi de ménage à trois, Titi est resté un bon ami. Hélas, il est mort du SIDA, une dizaine d'années plus tard. Nous lui avons dédié une chanson : *La Main de l'ange*.

Évidemment, cela aurait pu être risqué pour notre couple, mais nous n'avons jamais eu de problème. Patrick, qui est un homme plus jaloux et possessif que moi, n'a jamais été envieux de Titi.

Je vais tenter une comparaison avec un exemple très hollandais. Quand on part en randonnée à vélo avec deux autres copains, le chemin est souvent trop étroit pour qu'on puisse rouler à trois de front. C'est toujours 2 + 1. C'est pareil dans les histoires d'amour. Nous étions 2 (Patrick et Dave) + 1 (Titi).

J'estime que l'apparition du SIDA en 1984 a changé la donne de l'infidélité. Quand on aime quelqu'un, on peut le tromper, mais pas risquer sa vie en le contaminant.

Quand on me parle de fidélité, je préfère répondre : loyauté. Fidèle avec l'esprit plus qu'avec le corps. Depuis le jour de notre rencontre, je n'ai jamais aimé une autre personne que Patrick. J'ai eu quelques coups de cœur, c'est vrai : quand on parle de fidélité à un chanteur qui donne dix concerts par mois, il faut comprendre son quotidien, sans arrêt sollicité, toujours à l'hôtel, avec des filles qui tambourinent à la porte de sa chambre tous les soirs, dans toutes les villes de France. Il n'est pas facile de résister aux tentations…

Cependant, je le récris à nouveau : Patrick Loiseau est le seul que j'aime.

En ce qui me concerne, je ne suis pas jaloux, car je considère que l'acte sexuel est une gymnastique qui n'a rien à voir avec les sentiments. Je ne me suis jamais demandé ce que faisait mon époux pendant que j'étais en tournée. Et en plus de cinquante ans de vie commune, il n'y a pas eu une seule seconde durant laquelle j'ai pensé à vivre sans lui.

Patrick et moi sommes un vieux couple de vieux gays, tombés amoureux à une époque où les homosexuels ne faisaient pas d'enfants sous GPA (gestation pour autrui).

Si nous avions eu 30 ans en 2023, je pense que Patrick et moi aurions eu des enfants. J'aime beaucoup les filles de Marc-Olivier Fogiel et François Roelants. Je suis heureux d'être le parrain de Mila, leur aînée.

ANNÉES 1970 –
LA DÉCENNIE DES SUCCÈS

Tous les lundis, Eddie Barclay réunissait ses directeurs artistiques pour une réunion. Un lundi du mois de juin 1974, il a dû dire :

— On a enfin fini par faire un tube avec Dave !

Je suppose que personne n'a osé lui répondre avec franchise. Voici ce qu'on aurait dû lui dire ce jour-là :

— Oui, monsieur Barclay, c'est un énorme succès, cependant Dave n'a pas sorti ce disque chez nous, mais chez CBS.

Il n'y était évidemment pour rien. La chanson, c'est un peu comme le poker. On a de la chance ou on n'en a pas. Le hit-parade est aussi une question de hasard.

Un proverbe arabe dit : *Le hasard est l'ombre de Dieu.*

Albert Einstein écrit : *Le hasard, c'est Dieu qui se promène incognito.*

En 1974, je découvre donc le succès avec la chanson *Trop beau*. Sept cent mille disques écoulés. Ma vie a donc changé en quelques semaines ! D'autant que *Vanina* devient le méga tube que l'on sait. Pour la première fois de ma carrière, je dépasse le million de vinyles vendus. Mes chansons passent à la radio du matin au soir. Chaque année, je sors un nouveau hit : *Mon cœur est malade* (1975), *Dansez maintenant* (1975), *Du côté de chez Swann* (1976), *Est-ce par hasard ?* (1977)...

D'ailleurs, j'ose vous confier que je suis vraiment devenu chanteur de variétés par hasard. Quand je suis arrivé en France, je voyais tous les jeunes de mon âge branchés sur la radio Europe n° 1 pour *Salut les copains*, mais moi, les yéyés, ce n'était pas trop mon truc. J'écoutais du jazz, du blues et de la musique classique, et j'étais plus souvent sur France Inter. Et pourtant, cela ne m'a pas empêché d'être élu deux ans d'affilée vedette « numéro un » du magazine *Salut les copains*, devant Johnny Hallyday et Michel Sardou : pas mal quand même... !

Ce dont je me souviens de mes premières interviews, c'est surtout ma surprise en lisant les journaux au moment de la parution. La différence entre ce que j'avais dit et ce qui était écrit était parfois étonnante. En 1969, un journaliste avait écrit : « À bord de son trois-mâts, Dave connaît mieux les chemins de Bordeaux à Marseille que de Paris à Lyon. » N'importe quoi ! Comment voulez-vous naviguer sur le canal du Midi avec un trois-mâts ? Entre le tirant d'eau du bateau et la hauteur des ponts… J'ai donc commencé à me méfier, et dès que possible, je demandais à relire les papiers avant l'impression.

J'ai aussi découvert « la célébrité ».

J'ai aussitôt remarqué que dès qu'on passe à la télévision, les rapports avec autrui sont faussés. Dans les *seventies*, je parvenais rarement à tenir une conversation « normale ».

Un jour, alors que je roulais dans les alentours de Carcassonne à la recherche de l'endroit où je me produisais en concert, je me suis arrêté à la hauteur d'un paysan qui labourait son champ :

— Bonjour, monsieur. Pourriez-vous m'indiquer la salle des fêtes ?

— Alors, vous continuez tout droit pendant trois cents mètres, et quand vous apercevez un grand chêne sur votre gauche, tournez vers la… mais… Attendez… Vous êtes connu, vous, non ? Je vous ai vu dans ma télé !

Notre conversation a changé quand il a compris non pas qui j'étais, car il ne mettait pas un nom sur mon visage, mais qu'il était en face de quelqu'un qui passe à la télé…

Cette histoire met en scène un paysan, mais elle aurait pu représenter un ingénieur, un professeur d'université ou un pompiste. Dans toutes les catégories sociales, les quidams sont impressionnés par ceux « qui passent à la télé ».

C'est parfois déroutant. Lors d'une consultation avec un spécialiste, il m'est arrivé qu'un médecin – hautement plus qualifié que moi – me confie :

— Monsieur Dave, quel plaisir de parler avec vous !

À chaque fois, je me demande : *Que cela signifie-t-il ?*

Forcément, tout cela alimente notre narcissisme : on aime entendre crier la foule dans un magasin (« Regarde ! C'est le chanteur de *Vanina* ! ») dès qu'on entre. Ensuite, pendant ma traversée du désert, je suis passé par le stade où les gens me disaient : « On ne vous voit plus à la télé… »

Même si c'était gentil, et que cela signifiait que ces gens se souvenaient de mon existence, cela faisait mal malgré tout. J'aurais presque préféré qu'on m'invective en me disant : « Mais on ne voit que vous ! » ou même : « On vous voit trop ! »

Quand une admiratrice me disait : « Dave, je vous aime beaucoup », je ne me permettais pas de lui demander le titre de ma dernière chanson, étant loin d'être sûr de sa réponse. Dans notre système audiovisuel, j'ai toujours dit que les gens les plus connus sont les présentateurs de la météo, et ceux du journal télévisé. Ils sont là tous les jours !

Mes succès discographiques m'ont ouvert en grand les portes de l'Olympia. En 1977, je m'y suis produit pour la première fois en tant que vedette principale, avec mon nom en grandes lettres sur le boulevard des Capucines. DAVE ! On ne pouvait pas le rater.

Mon équipe et moi avions choisi Jeane Manson en vedette américaine, puis les Martin Circus.

Francis Cabrel en première partie, car il venait de sortir son premier album *Des murs de poussière*, fait avec notre directeur artistique Jean-Jacques Souplet.

Après un premier Olympia couronné de succès, j'étais dans l'inconscience et l'insouciance du succès. Je l'ai payé assez cher quelques années plus tard. En moyenne, j'assurais dix spectacles par mois, grassement payés. Au début des années 1980, quand le succès s'est terminé, je n'avais plus un rond de côté ! J'avais tout dépensé… Beaucoup d'artistes finissent leur vie dans la pauvreté – ce qui n'est pas mon cas. Mais quand on chante, on ne nous apprend pas à gérer notre fortune. Personne ne m'a jamais expliqué que sur cent mille euros gagnés en tournée, je devais en reverser quarante mille aux impôts ! Moi, je gagnais cent mille, je dépensais cent mille ! Les dettes ont commencé à s'accumuler et les huissiers ont pointé le bout de leur nez…

Depuis, je m'attache à conserver un certain confort en m'adaptant à mon train de vie, qui n'est plus le même. Si je pars en vacances au Maroc, je ne réserve plus la suite présidentielle mais une suite classique. Quand je pars en Californie, je n'achète plus mes billets d'avion au dernier moment mais plusieurs mois à l'avance, ce qui permet malgré tout d'avoir des places en classe affaires. Dans les années 1970, j'avais tendance à prendre tout ce qui coûtait le plus cher, par simple amusement. L'insouciance ! Heureusement, comme je l'ai dit, quand on est connu, le surclassement vous est assez souvent proposé.

Face à la police, c'est pareil. À l'occasion d'un contrôle, la plupart des agents sont contents avec un autographe, mais il y en a toujours au moins un qui « fait le méchant »… Moi, j'ai toujours eu de la chance. Un jour, rue Saint-Antoine, j'ai brûlé un feu rouge, coupé la priorité à un véhicule de police qui venait de droite, et en plus, je roulais dans la voie de taxi ! Triple infraction, bravo Dave ! Les policiers se sont précipités vers mon véhicule. Au moment où j'ai ouvert ma portière, ils m'ont reconnu.

— Oh, Dave ! Comment allez-vous ?

— Vous êtes contents de nos services, dans le quartier ?

Franchement, j'avais presque honte pour eux. Je venais de commettre trois infractions importantes, qui auraient dû conduire à une triple amende particulièrement salée, mais parce que j'étais un chanteur célèbre, j'ai signé des autographes et je suis reparti. C'est mignon, certes, mais cela donne l'impression de vivre dans une république bananière.

Après un gala, je sortais souvent en boîte de nuit, sauf si je chantais à plus de cinq cents kilomètres de chez moi, auquel cas je préférais l'hôtel !

Je rejoignais, parfois assez tard, mes amis à L'Élysée-Matignon. Au rez-de-chaussée se trouvait le restaurant où je me trouvais attablé avec Johnny Hallyday. Arrive l'actrice Mimi Coutelier – l'épouse de Jean Yanne. Il était déjà 3 ou 4 heures du matin, et on était tous un peu alcoolisés…

Johnny s'adresse alors à Mimi Coutelier :

— Oh, Mimi, tu es toujours…

Mais je lui coupe la parole pour un trait d'humour :

— Au même prix ?!

Johnny glisse sous la table de rire, et s'exclame :

— Faut que je raconte ça à Sylvie !

Dont il était quand même séparé depuis pas mal d'années…

Ce n'est pas la fin de l'histoire.

Quelques longues années plus tard, je me trouve, à l'occasion d'un show de Sylvie Vartan, dans le bar de je ne sais plus quelle salle de spectacle. Johnny boit un verre avec Didier Barbelivien. Au moment où je les salue, Johnny sourit et s'adresse au parolier :

— Dave, c'est un marrant. Je vais t'en raconter une bonne !

Et Johnny de raconter à Barbelivien ce que je viens d'écrire plus haut. À la virgule près, et en hurlant de rire ! Qu'on cesse alors de prétendre que Johnny Hallyday était bête et qu'il n'avait pas de mémoire. On n'a jamais été amis, mais il m'a toujours salué de façon très aimable.

Je connais bien mieux Sylvie, on vit tout près de chez elle…

Je considère son assistant, Didier Terron, comme mon petit frère. Quand Patrick Loiseau a écrit quelques chansons pour Sylvie, j'ai eu le bonheur de composer les mélodies. Quand elle est parisienne, nous dînons parfois ensemble. Et en plus, elle fait très bien la cuisine !

Un soir, après un spectacle de Sylvie, on était invités au dîner avec beaucoup de monde, donc plein de tables, avec les noms de chaque invité inscrits sur un carton à chaque place. Je vois qu'on sera avec un jeune chanteur que je ne connais pas personnellement, mais que j'aime bien ! Je le vois arriver accompagné d'une femme enrobée. Avec ma discrétion légendaire, je lui crie :

— Laisse tomber la grosse !

Il s'agissait de sa mère…

Je ne saurais même pas vous expliquer la raison de cette imbécillité. Que se passe-t-il donc dans ma tête ?

Durant tout le dîner, j'ai tenté de rattraper le coup. En vain. Quand je lui parlais en français, elle me répondait :

— *I don't speak French!*

Et quand je m'aventurais à la conversation dans la langue des Beatles :

— *I don't understand.*

J'étais évidemment mal à l'aise et même très gêné !

Plusieurs années plus tard, j'ai reçu cet artiste sur France 3, et sa mère l'accompagnait encore. Patrick Loiseau et Marc-Olivier Fogiel m'avaient alors conseillé de lui offrir un immense bouquet de fleurs. Et je crois (et j'espère) que tout cela est oublié…

Comme je parle trop, je raconte souvent n'importe quoi.

J'ai déclenché une énième polémique en répondant à une question sur Cyril Hanouna. Voici précisément ce que j'ai dit : « Je n'aime pas trop sa manière de parler aux téléspectateurs, même d'ailleurs à ses chroniqueurs et ses chroniqueuses. Il nous prend pour des enfants, ça m'embête un peu. Il me rend antisémite, et comme mon père était juif… » Malheureusement, les médias ont coupé la deuxième partie de la phrase, faisant fi de la confession juive de mon père – ce qui de facto prouvait que je plaisantais. Les journalistes se sont contentés d'écrire : « Dave dit que Cyril Hanouna le rend antisémite. » Cette interview m'a causé de gros soucis. Pendant quarante-huit heures, ma phrase a tourné en boucle sur les réseaux sociaux. Tant pis pour moi… Je n'avais qu'à tenir ma langue. Comment ai-je pu dire une chose pareille ? Moi, antisémite ? C'est absurde. Je me suis piégé tout seul.

Lorsqu'il animait les après-midi d'Europe 1, Hanouna m'a agréablement surpris, et est même remonté dans mon estime. En effet, je participais à son talk-show pour promouvoir le spectacle *Âge tendre* (mon manager avait négocié un meilleur salaire en se servant du fait que j'allais faire la promo pour la tournée, donc, je ne pouvais rien refuser, pas même du Hanouna). À l'époque, j'avais déjà déclaré publiquement que je n'aimais pas la voix de certains animateurs télé, comme Arthur et Cyril Hanouna. Il n'a pas hésité à m'attaquer de front, à peine son sommaire terminé :

— Alors, Dave, il paraît que tu m'aimes pas ?

Je ne m'y attendais pas du tout ! Moi qui aime tant parler, je suis resté coi, sans répartie.

Éclat de rire général !

J'en profite pour une mise au point : je n'ai rien contre Cyril Hanouna. Je l'ai connu avant qu'il ne devienne la star de C8, et je le trouvais plutôt drôle.

Revenons au sujet de ce chapitre : les années 1970.

L'aisance financière est évidemment agréable. Cependant, ce que je retiens avant tout, c'est le bonheur d'être sur scène !

J'aime enregistrer des disques, mais j'ai la sensation d'être au septième ciel, au nirvana quand je me trouve face à un public. En studio, c'est d'abord le travail, la collaboration avec le directeur artistique, dont le rôle est entre autres de convaincre l'artiste que la chanson qu'il va enregistrer est la bonne. J'avais de la chance, car le mien choisissait toujours des titres écrits par mon compagnon !

Je courais de gala en gala et n'avais pas le temps de me poser de questions. Avec le recul, je regrette de ne pas avoir profité de ma vague de succès pour enregistrer les mêmes disques dans d'autres pays, notamment en Allemagne, où Françoise Hardy et France Gall ont connu de jolis succès, ou en Italie, où Sylvie est une grande vedette. Mais tout allait trop vite : je n'avais pas le temps ! Une année, j'avais un contrat avec l'Allemagne, mais je devais m'engager à chanter trois samedis de l'autre côté du Rhin, pour la promotion du disque. Je n'ai jamais signé, car il m'était impossible de trouver trois samedis pour traverser la frontière. Je chantais chaque week-end dans toutes les villes de France. J'ai sans doute eu tort, mais j'étais pris dans un tourbillon… J'ai, paraît-il, vendu beaucoup de disques en Amérique du Sud, mais je n'y suis jamais allé. D'ailleurs, j'ai découvert par hasard le succès de *Mon cœur est malade* en version espagnole, ce qui m'a permis de réclamer mes royalties à la maison de disques, qui avait « oublié » de me dire que j'avais cartonné au pays de Maradona.

Durant ces années folles, il m'est arrivé de drôles de mésaventures. En Bretagne, à la sortie d'un restaurant, un fou m'a visé avec un fusil une heure avant le concert. La balle est passée un mètre au-dessus de moi. L'inconnu s'est enfui en courant et personne ne l'a retrouvé. Ce soir-là, j'ai couru sur scène dans tous les sens, encore plus que d'habitude, afin de compliquer la tâche à un éventuel « tireur d'élite » ! Ce fait divers n'a jamais été élucidé. Mais à l'époque, beaucoup de « minettes » étaient amoureuses de moi, et ça pouvait provoquer le courroux de leur mari. Claude François aussi s'était fait tirer dessus en Angleterre. Heureusement, c'est la seule fois que ça m'est arrivé.

En tout cas, l'organisateur était très préoccupé durant le concert. On m'a dit que j'avais été courageux de monter sur scène malgré cet attentat. Avec le recul, j'emploierais plutôt le mot « inconscient » ! Quand on monte sur scène, on se prend souvent pour ce qu'on n'est pas… Peut-être je croyais que *Vanina* avait valeur de gilet pare-balles ?

Au théâtre de Tunis, à l'époque où Ben Ali était président, je me suis lancé dans un discours philosophique qui a été chaudement applaudi et m'a valu les félicitations du Premier ministre tunisien. Je ne me rappelle même plus ce que j'ai dit ! Dans l'euphorie de la scène, on est envahi par des idées, on improvise. On est quelqu'un d'autre. Il m'arrive même de changer de peau en plein concert. Tout à coup, je me dis : *Allez, là, je fais Sardou !* Et quand il fait très chaud et que mon visage coule de transpiration, je me prends pour Johnny Hallyday ! Quand on joue un personnage, inconsciemment, on se tient différemment, on se comporte différemment. C'est une forme de schizophrénie, peut-être…

À l'époque, *France Dimanche* et *Ici Paris* étaient les deux seuls journaux « people ». Chaque semaine, ils inventaient de nouvelles histoires sur les vedettes ! Faux mariage, maladie grave… À chaque fois, il s'agissait de pures inventions. Je me souviens qu'ils m'avaient fiancé avec Louise, ma meilleure amie hollandaise, puis avec ma jolie choriste. En revanche, ils n'ont jamais écrit sur Dave et Patrick Loiseau. Vivre avec le même garçon pendant plusieurs dizaines d'années, ça ne fait pas vendre du papier. Quand ces bêtises sortaient dans la presse, je l'apprenais souvent de la famille de Patrick – qui vit à Limoges – ou de mes frères et sœurs – car les journaux hollandais répercutaient souvent ces fausses informations.

— Est-ce que Dave va bien ?

— Très bien !

— *Ici Paris* raconte qu'il est gravement malade…

— N'écoutez pas ces salades !

J'ai quasiment toujours refusé de collaborer avec ce genre de publications. De longues années plus tard, j'ai accordé une interview à *Voici*, sous conditions. Une fois de plus, je me suis un peu trop laissé aller dans mes plaisanteries. Parmi tout ce que j'ai dit, la rédaction a choisi une seule phrase, sortie de son contexte, en titre : « Zaz donne l'impression qu'elle ne se rase pas sous les bras ».

Dans l'interview, j'avais ajouté : « comme ma mère » ! Car ma mère ne s'épilait pas les aisselles, ainsi que les plupart des femmes aux Pays-Bas dans les années 1950. Mais jamais je n'ai dit que Zaz était sale ! J'aime toujours la voix de cette chanteuse, avec son timbre rauque à la Brenda Lee.

Lorsque je l'ai reçue sur France 3, j'étais quand même « légèrement » inquiet, et l'ambiance était un brin tendue… Mais on s'est expliqués et cela s'est bien terminé.

Quand je songe à mes années de succès, c'est l'image des lettres rouges de l'Olympia qui s'affiche dans mon cerveau. Au même titre que le Carnegie Hall de New York et le Royal Albert Hall de Londres, l'Olympia est la salle de spectacle légendaire de la ville de Paris.

Le Palais des Congrès n'est pas une salle facile. En fait, le Palais des Congrès est trop confortable : fauteuils larges et moelleux, beaucoup d'espacement entre les couloirs. Difficile d'y mettre une « ambiance rock'n'roll » ! J'y ai vu entre autres John Denver et Paul Anka. En assistant au concert de l'interprète de *My way*, je me suis rendu compte que je me comporte sur scène comme lui. Il court dans tous les sens, s'assied sur les genoux des gens, chipe leur appareil photo pour tirer le portrait de ses admirateurs. Un *entertainer*, un vrai ! J'ai presque eu peur que le public pense que je l'imite ! J'ai toujours fait le mariole spontanément. Quand on joue *Mon cœur est malade*, les musiciens savent que je vais sauter dans la salle ! Je ne suis pas là pour réciter mon disque. J'adore courir parmi les spectateurs, repérer un siège et sauter dessus. Là, les poursuites m'éclairent et le public me voit chanter au milieu de la foule : « Oh, Laura, mon cœur est malade ! »

De façon générale, je me suis toujours bien entendu avec mes collègues. C. Jérôme était très gentil et agréable. Frédéric François, je l'avais peu croisé. Même s'il vendait quantité de disques, il n'a jamais été très populaire auprès des médias et je le croisais donc très peu sur les plateaux télévisés. Quand mon premier disque est entré au hit-parade, je ne connaissais encore rien du tout aux magazines musicaux, à la « presse des jeunes ». *Stéphanie*, *Hit Magazine*, *Podium* et *Salut les copains* n'étaient pas mes lectures. Cependant, après mes premiers succès, l'attaché de presse de CBS m'a confié que Claude François souhaitait promouvoir ma personne dans son magazine *Podium*. Dès lors, j'étais présent quasi tous les mois sur la couverture ! Soyons lucide : ce n'est pas parce que Cloclo m'aimait, mais parce que je faisais vendre son journal ! Il paraît qu'il me trouvait « moche » ! Subitement, après *Vanina*, j'étais devenu beau. Forcément, le soutien de Claude François a été bénéfique pour mes ventes de disques et mes concerts. Je me rendais souvent boulevard Exelmans, où se trouvaient le studio photo du magazine *Podium*, et un des domiciles de Cloclo. Rarement, l'hôte de ces lieux passait nous saluer, mais il n'était pas un champion de la ponctualité. S'il donnait rendez-vous à 16 heures, on ne l'attendait pas avant 18 heures. Il aimait faire comprendre aux interlocuteurs qui était le plus important. D'un certain côté, il pouvait me considérer comme un concurrent, mais comme il était aussi un homme d'affaires, il était assez malin pour se servir de mon succès pour vendre sa revue.

Nous n'étions pas amis. Il ne m'a jamais invité dans son Moulin, situé à quelques kilomètres de Milly-la-Forêt. J'ai cependant dîné plusieurs fois à ses côtés. Je le trouvais drôle, cynique, ce qui ne déplaisait pas au jeune homme caustique. Cependant, j'écoutais plus que je ne parlais... ce qui est rare pour un bavard comme moi ! Mais quand on dînait à la table de Claude François, on savait qu'on allait avoir du mal à en placer une...

On a eu des musiciens en commun, et je n'ai pas entendu que de bons échos à son sujet. Il paraît qu'il n'était pas toujours très aimable à leur endroit. Il n'avait aucun mal à se séparer de ses collaborateurs quand il le souhaitait. Virer un musicien ou un technicien, c'est quelque chose que je n'ai jamais su faire. Je n'ai jamais été à l'aise dans la position du « patron ». Malheureusement, le chanteur est souvent une sorte de chef d'entreprise, à la tête d'une équipe de six musiciens, trois choristes et six techniciens. Si l'un d'entre eux ne fait pas l'affaire, il faut le lui signifier, mais je trouve cela très gênant. Claude François était peut-être moins lâche que moi...

On m'a signalé une ressemblance entre mon timbre de voix et le sien. Je ne peux dire que cela m'enchante. Il avait une façon exceptionnelle de se mouvoir sur scène. Je ne l'ai jamais observé en direct, mais j'ai évidemment vu beaucoup d'émissions de télé. Quelle énergie ! Avec une telle activité, c'était difficile de mieux chanter, car son souffle était utilisé ailleurs. Sur scène, Cloclo était un gymnaste. De même, son incroyable sens du rythme – Claude est un batteur de formation – m'impressionnait.

Le 11 mars 1978, Claude François est mort électrocuté dans sa salle de bains parisienne. En pleine période d'élections législatives, la France était en émoi, pleurant l'une de ses grandes idoles. Le lendemain, Jean-Pierre Bourtayre, l'immense compositeur, qui a beaucoup travaillé avec et pour Claude, me téléphone :

— Dave, tu dois absolument passer lui dire un adieu.

Je me suis donc rendu au 46, boulevard Exelmans. Avant d'accéder à l'intérieur de l'immeuble parisien, il fallait se frayer un chemin parmi les centaines de « fans » qui se recueillaient devant la demeure de la star. Quand je suis entré dans la chambre de Claude François, j'ai d'abord été saisi par sa mère, « Chouffa », qui pleurait sur le corps de son fils comme le font les Méridionales en criant en boucle « C'est pas vrai, c'est pas vrai, c'est pas vrai… ». Une mère hollandaise n'aurait pas manifesté ainsi son chagrin. Ce n'est pas une critique, mais une constatation des différences de culture. Les gens du Nord sont peut-être plus pudiques…

Je me souviens de Kathalyn Jones qui me fusillait du regard. Le mannequin californien était en couple avec

Claude depuis 1976. Elle ne comprenait probablement pas ma présence devant le corps de son défunt compagnon. Je ne peux pas lui en vouloir, car j'étais le premier à m'interroger sur le bien-fondé de ma visite.

Dans le répertoire de Claude François, une de mes chansons préférées est *J'attendrai*. C'est toujours ce morceau que je choisis quand on me demande d'interpréter l'un de ses tubes à la télévision. C'est une adaptation de *Reach Out I'll Be There*, des Four Tops. Il passait sa vie à écouter le hit-parade américain pour trouver de nouvelles chansons à adapter.

Même sans sa mort accidentelle, Claude François resterait une icône aujourd'hui. Peut-être ne vendrait-il plus ses nouveaux disques, car en 2023, qui achète les albums des chanteurs de 80 ans ? Cependant, on écouterait toujours ses vieux tubes et on l'inviterait toujours sur les plateaux télévisés. Claude était un homme intelligent, plein de ressources et plein d'idées. Je sais qu'il aurait su se renouveler, notamment en présentant des émissions, comme il le faisait déjà avec Michel Drucker.

Les années 1970 ont passé trop vite. À cette époque, tout en étant populaire, je n'étais pas forcément respecté par l'intelligentsia parisienne, j'avais une image assez négative. Dans les années 1970, plus on vendait de disques, moins on était « chic ». Au même titre que Frédéric François ou C. Jérôme, je n'étais qu'un chanteur

Mai 1977, au Club Med à Marrakech. J'étais invité par Europe n° 1 avec toutes les vedettes de la chanson française de l'époque : Johnny Hallyday, Sylvie Vartan, Eddy Mitchell, Michel Sardou... On me voit ici avec Claude François. © François Gaillard DR

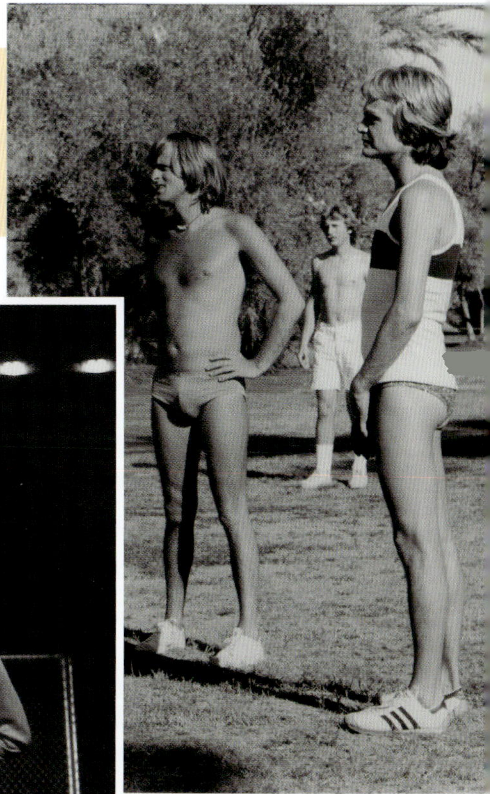

À partir de 1971, avec mon ami Daniel Auteuil, nous avons joué *Godspell* ensemble pendant un an et demi.

© Agence Bernand DR

Toujours au Club Med, avec Dick Rivers, un camarade épatant, que j'ai appris à connaître pendant la tournée *Âge Tendre*, lors d'une partie de pétanque.

© Michel Giniès

Avec Patrick, dîner entre amis, en compagnie de Daniel Auteuil, mon ami de toujours, à nos débuts.

© Collection privée

Avec mon amie Annie Cordy et ma mère. © Collection privée

Avec deux jumelles hollandaises, à l'Olympia, où elles dansaient sur l'une de mes chansons.

© Léonard de Raemy

Avec mon amie Armande Altaï, rencontrée pendant le musical *Godspell*. À gauche dans *Ubu roi*, mis en scène par Georges Wilson, au Festival d'Avignon. © Collection privée

Sortie de scène, une bouteille d'eau, je précise, à la main.

© Françoise Santschy DR

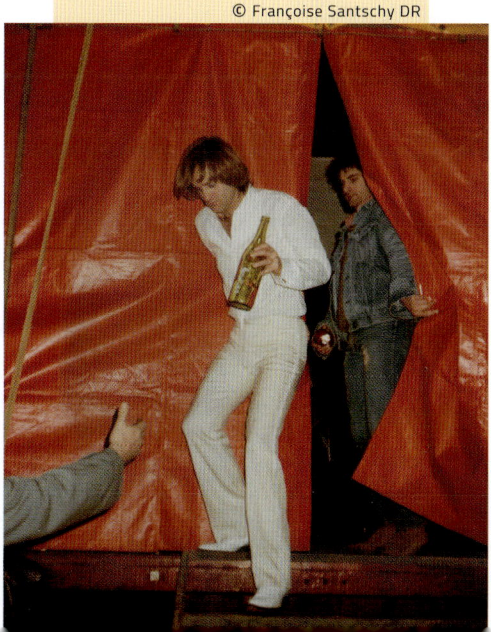

Une photo sympa pour la presse jeunesse. © François Gaillard DR

Moi, vers 2 ans, déjà un vrai petit « ange ».

© Collection privée

Mes parents, qui se retrouvaient, hélas, uniquement à l'occasion de mes concerts.

© Collection privée

Jane Birkin me préférait pas rasé.

© Collection privée

En 1975, avec de belles danseuses à la télé néerlandaise, je portais déjà mon collier porte-bonheur éthiopien. © AFP

Avec ma chère Annie Cordy. © Philippe Ledru

Lors d'une émission *Numéro Un* des Carpentier, avec Jeane Manson, Joe Dassin, France Gall et Carlos. © Jean-Pierre Leteuil/AFP

En Californie, avec Patrick Loiseau, mon auteur et compagnon depuis plus de cinquante ans.

Jeane Manson avec un disque d'or. Derrière elle on aperçoit Jean Renard, auteur de grands succès de variété, et notre PDG Jacques Souplet.

À Paris dans les années 1980, avec Charlie-chien que l'on nous a malheureusement volé.

Shooting photo avec une cithare.

Mon bateau *Justus* avec lequel j'ai quitté Amsterdam en 1965, à 21 ans. Ce bateau, avec un tirant d'eau d'1,47 m me permettait de prendre les voies fluviales.

Au cours de ma carrière, j'ai reçu quatorze disques d'or.

© Sygma DR

En 1977, mon premier Olympia en tête d'affiche.

© Robert Picard/INA/AFP

Devant le théâtre de la Porte-Saint-Martin, là où mon aventure professionnelle a commencé en tant qu'assistant-directeur musical.

© Collection privée

pour minettes… et je me plaisais dans ce rôle. Il faut comprendre que le simple fait d'être apprécié par le public représentait pour moi une satisfaction, car c'était une immense surprise.

Au lycée, aux Pays-Bas, j'étais loin d'être l'élève le plus populaire. J'étais considéré comme quelqu'un de caustique et de cynique, plus redouté qu'apprécié. Une année, je m'étais présenté au conseil du lycée : j'avais récolté soixante voix… sur sept cents ! On ne me trouvait pas assez sympathique pour représenter mes camarades. En revanche, j'étais rédacteur en chef du journal du lycée car ma plume était appréciée. Dans l'opinion publique, je suis donc passé de « lycéen antipathique qui écrit bien » à « chanteur populaire peu intelligent ».

En 1974, je jouais au festival d'Avignon, dans *Ubu à l'opéra*, une adaptation musicale d'*Ubu roi* d'Alfred Jarry, mise en scène par Georges Wilson. Je jouais le prince Bougrelas. Nous avons assuré une demi-douzaine de représentations avant que le spectacle ne s'installe au théâtre de l'Est parisien. Armande Altaï était à mes côtés pour jouer la reine Rosemonde… sans oublier Anna Prucnal dans le rôle de la Mère Ubu.

Peu de temps après, j'étais à Marseille pour une interview à France Bleu Provence, dans le cadre de la promotion de *Trop beau*. Après avoir attendu une heure que la journaliste veuille bien me recevoir, quand je lui ai expliqué que je venais de faire le festival d'Avignon, elle a totalement changé d'attitude en disant :

— Oh, pardon, vous êtes acteur ?

Comprenez : un acteur, on le respecte. Le chanteur pour minettes, ça ne vaut rien !

Aujourd'hui, je pense que cela n'a pas changé, et qu'on regarde toujours de haut des personnalités comme Kendji Girac, qui semble être un chanteur trop « popu » pour un certain genre de journalistes.

Karen Cheryl, une figure très populaire dans les années 1970, a passé sa vie de chanteuse à faire comprendre au cours de ses interviews qu'elle valait mieux. Je pense avoir fini, moi aussi, par céder à cette tentation. À chaque entretien avec la presse, je me sentais obligé de dire que je lisais beaucoup, et pas des romans de gare. Je citais Dostoïevski, Tolstoï, Victor Hugo, Émile Zola, ressentant le besoin de le faire savoir. J'avais bien conscience que beaucoup de journalistes qui travaillent à la télévision n'ont que rarement (ou jamais ?) ouvert un livre. Et bien souvent, ceux qui critiquent un ouvrage… ne l'ont pas lu !

HISTOIRE D'UN TUBE – *MON CŒUR EST MALADE*

Six mois après l'irrésistible succès de *Vanina*, je devais enchaîner avec un nouveau titre fort. Évidemment, il n'était pas question de choisir un autre parolier que Patrick Loiseau.

Jean-Jacques Souplet, le directeur artistique de Dave, m'a donné une chanson du groupe The Wombles qui s'appelait Banana Rocks. *Une chanson écolo qui conseillait aux gens de ramasser les ordures, en l'occurrence les peaux de bananes, et de les jeter dans la poubelle la plus proche. J'ai remplacé « banane » par « malade ». Au départ, cette musique ne me plaisait pas du tout. Je suis resté au plus près de la phonétique, en essayant de faire quelque chose d'un peu plus élaboré que l'original. J'étais si peu fier de ce texte que j'ai hésité à le signer.*

Tu aurais eu tort pour les droits d'auteur !

J'aimais beaucoup Vanina, *et j'avais l'impression qu'on se trompait de direction avec cette nouvelle chanson. Je me suis dit : on va passer du million de ventes à deux disques ! Ce n'était absolument pas du même niveau.*

Finalement, on en a vendu quatre cent cinquante mille !

C'est vrai... mais ce n'est pas pour autant que je trouve que c'est une bonne chanson.

Moi, je l'ai aussitôt appréciée. Il y a une bonne énergie. Le rythme de ce morceau est très sympa. Encore aujourd'hui, c'est une chanson « d'énergie » très utile pour mon tour de chant (aujourd'hui, ils disent « setlist » ou « song list »). C'est la chanson qui me permet de sauter de la scène dans la salle, de courir dans tous les sens, de monter sur les sièges, etc. Le texte n'est pas le plus important, même si, depuis 2011, je plaisante sur le fait que j'ai subi un double-pontage.

— Il y a une chanson que je n'aurais jamais dû chanter. On ne peut pas dire qu'elle m'ait porté bonheur. MON CŒUR EST...

— MALAAAADE ! hurlent en chœur les spectateurs.

Dès mon premier Olympia, cette chanson donnait du « peps » au spectacle. Et le public chantait en chœur le refrain avec moi.

Oh ! Laura, mon cœur est malade
Toi seule peux me guérir
Oh ! Laura, mon cœur est malade

Si tu veux me soigner…

Public : « TU N'AS QU'UN MOT À DIRE ! »

Je me suis servi du prénom de Laura, l'amie qui a joué le rôle de Cupidon en provoquant ma rencontre avec Dave. Dans la VO, cela faisait « Oh la la la, la la, banana ». De « La la » à « Laura », il n'y a qu'un pas, et ce clin d'œil m'amusait.

Laura, Vanina… Tu es le spécialiste des succès avec des prénoms féminins. Qu'est-ce qu'il y a eu d'autre ? Ah oui, Ophélie, inspirée par Shakespeare, et Hélène, dont nous parlerons plus tard.

NUMÉRO UN DES CARPENTIER

Maritie et Gilbert Carpentier étaient des personnages incontournables de la télévision française. En produisant leurs émissions sur l'ORTF (*Top à...*) puis sur TF1 (*Numéro un*), ils participaient activement à la médiatisation des grandes vedettes, de Johnny à Sylvie en passant par Michel Sardou, Jacques Dutronc ou Dalida.

À cette époque de la chanson française, quand un artiste était la vedette d'une des émissions des Carpentier, cela lui donnait une forme de prestige. Jeane Manson avait eu son Numéro 1 juste avant moi et je l'enviais un peu. Je soupçonne Gilbert Carpentier d'avoir lorgné sur sa plastique impressionnante, comme beaucoup d'hommes, sûrement...

J'avais déjà été plusieurs fois invité dans l'émission pour interpréter une chanson ou deux, mais en 1979, c'était ma première fois dans le rôle de l'artiste principal.

Les Carpentier m'avaient demandé d'inviter seulement des femmes, mais j'avais insisté pour avoir Francis Cabrel à mes côtés, avec qui j'ai chanté *Je l'aime à mourir*, son immense succès du moment. Comme Jean-Jacques Souplet était notre directeur artistique commun, j'ai assisté à la naissance du phénomène Cabrel. Les textes de ses premières chansons étaient écrits par les frères Seff, Daniel et Richard. Son premier album, *Des Murs de poussière*, n'a pas vraiment décollé. De nos jours, un chanteur qui ne connaît pas le succès n'a pas de seconde chance. Ce n'était pas le genre de Jean-Jacques, qui a fait confiance à Cabrel en produisant son deuxième album, *Les Chemins de traverse*, qui contenait la chanson « Je l'aime à mourir ».

Je me souviens du premier Olympia de Francis, en « lever de rideau » de mon spectacle. Avec son air timide, ses longs cheveux et sa moustache de mousquetaire, il ne levait pas souvent la tête pour regarder le public. Il fixait ses doigts, lesquels caressaient sobrement le manche de sa guitare. La presse a peu parlé de lui, et nos camarades du show-biz ne croyaient pas beaucoup en lui non plus, au début. Personne n'imaginait qu'il deviendrait le nouveau Jean Ferrat. Je suis heureux d'avoir été là au bon moment, même si je sais bien que, vu le talent qu'il a, il n'avait pas besoin de moi…

Aujourd'hui, le sectarisme « rive droite, rive gauche » a disparu. L'efficacité de la chanson compte plus, ou au moins autant, que la qualité. Cela ne me choque pas. Encore une fois, l'industrie du disque est un commerce avant d'être un art. Je crains en revanche que le disque ne soit devenu un objet obsolète, remplacé de plus en plus par le *streaming*...

Dans le *Numéro un* des Carpentier, j'ai adoré chanter avec Dalida : « Prendre le thé à deux », de l'opérette *Le Pays de Sourire*, que nous avions auparavant enregistrée en studio, avant de la « chanter » en play-back dans l'émission. À la fin de cette chanson « lyrique », j'ai eu le plaisir, et l'honneur, de faire un baisemain à Dalida, que j'aimais et que j'aime.

Les Carpentier m'avaient proposé de n'inviter que des femmes (à part Francis Cabrel), et je suis fier d'avoir eu aussi l'idole absolue de Patrick Loiseau, à savoir Françoise Hardy.

Comme beaucoup de gens qui rencontrent Françoise Hardy, j'ai été surpris, un jour, en la conduisant dans ma voiture, de constater à quel point elle parle ! Elle est beaucoup plus réservée à la télé que dans la vie. Intelligente et érudite, en plus, puis spectaculairement belle.

Chantal Goya, presque systématiquement présente dans les émissions de *Numéro un*, étant une amie proche de Maritie Carpentier, a chanté *Bécassine*.

J'avais aussi invité Amii Stewart, une chanteuse disco, puis l'humoriste suisse Zouk, divinement drôle.

Claude Véga, spécialiste des voix de femmes, était là, pour une imitation de Barbara. Je le retrouvais ainsi dix ans après la tournée avec Nana Mouskouri. C'était l'imitateur le plus célèbre de son époque, comme Thierry Le Luron après.

ANNÉES 1980 – ET LE SUCCÈS S'EST ENVOLÉ…

Quand on est en haut de l'affiche, on ne pense pas un seul instant au jour où cela va s'arrêter. Je vendais plusieurs dizaines de milliers de disques par semaine, et même jusqu'à quarante mille par jour ! Pourquoi m'inquiéter ?

Au début des années 1980, la légalisation des radios libres a bouleversé la donne. Je n'irais pas jusqu'à dire que c'est François Mitterrand qui a provoqué ma chute, mais ce n'en est pas si loin. Les nouvelles stations de radio comme NRJ n'avaient aucune envie de passer les mêmes disques, les mêmes chanteurs qu'Europe 1 ou RTL, et programmaient surtout les nouveaux artistes émergents. À leurs yeux, nous étions déjà has-been et quasi ringards. NRJ a sonné la fin de la plupart des artistes des *seventies* : Gérard Lenorman, Daniel Guichard, Dave…

En un claquement de doigts, nous avons été remplacés par des Jeanne Mas, des Jean-Luc Lahaye…

Comme les impôts me réclamaient une forte somme d'argent et que je n'avais presque plus de galas, je me suis retrouvé en très grande difficulté.

J'ai alors commencé à chanter dans les discothèques, en province. À 18 heures, je dînais avec les propriétaires et leurs enfants. Je portais le même costume qu'à l'Olympia, mais j'étais éclairé par d'immondes boules à facettes bon marché. À 11 heures du soir, je n'avais toujours pas commencé à chanter, car il n'y avait personne. À minuit, je débutais mon tour de chant devant trois pelés. Je vous assure que ce n'était pas amusant… Au moins, on ne me criait pas « à poil », comme c'était le cas pour des vedettes féminines déchues…

Pour un chanteur, la survie de ses chansons est une question inquiétante. Quand on admire un tableau de Degas, de Renoir ou de Vermeer, on est conscient du temps qui est passé. La musique classique a l'avantage d'une longue vie. De Bach à Beethoven, la liste des compositeurs qui ont traversé les siècles est longue. Évidemment, peu de gens reconnaissent à l'oreille une symphonie composée par Mozart ou Vivaldi, mais leur œuvre a le mérite d'exister, plusieurs centaines d'années après leur mort. En revanche, la chanson de variétés (souvent appelée *pop music)* résiste beaucoup moins aux changements de génération. Je suis un peu mieux que Patrick Hernandez, créateur de *Born to Be Alive*, mais globalement, je dois avouer que les Français de moins de 50 ans ne connaissent que deux de mes chansons : *Vanina* et *Du côté de chez Swann*. De mon vivant, il ne reste déjà plus que deux titres. Alors après ma mort…

Souvenez-vous des vedettes passées : Patachou, Leo Ferré, Jean Ferrat… c'est terminé ! On ne les entend plus jamais à la radio. Les programmateurs sont soumis à une telle pression commerciale qu'ils ne s'adressent plus qu'à des cibles publicitaires, et ne passent donc plus de chansons pour le plaisir de les écouter, ou de les faire redécouvrir.

Toutes les radios se rendent coupables de jeunisme. Un jour, le directeur des programmes de RTL m'a dit dans la même phrase que mon nouvel album était excellent mais qu'il ne pouvait pas passer la moindre chanson sur son antenne !

Remplir les salles et vendre des disques, c'est différent. Mylène Farmer en est un exemple frappant. Alors que tous ses spectacles affichent complet, elle n'est plus jamais classée au Top 50, et ses chansons ne passent que rarement à la radio. Il paraît qu'un jour, elle a téléphoné au directeur de la programmation de NRJ pour qu'on lui explique pourquoi ses nouvelles chansons ne passaient plus à l'antenne malgré le remplissage et ses triomphes dans les plus grandes salles de France… !

« Vous n'êtes pas notre cible. »

C'est la réponse type ! Vague et frustrante…

À l'époque de Radio 7 – une radio « pour les jeunes » installée à la Maison de la Radio –, j'avais posé la même question à Marie-France Brière, la directrice des programmes. J'ai eu droit à la même réponse… *Vous n'êtes pas la cible.*

Après avoir traversé les *seventies* en étant matraqué par toutes les grandes radios, de RTL à Europe n° 1 en passant par Radio Monte Carlo et Sud Radio, c'était dur à vivre. Malheureusement, un chanteur ne peut rien faire contre ce phénomène.

De même, je constate que les jeunes ne veulent plus s'encombrer avec des disques. Le téléchargement est devenu la norme, même pour ceux qui le font légalement en s'abonnant à des plates-formes. Pour les utilisateurs, il suffit de débourser dix euros par mois pour écouter tous les albums de son choix, de n'importe quel artiste. Soit le prix d'un simple quarante-cinq tours. Pour un chanteur, chaque téléchargement rapporte une poignée de centimes, alors vous imaginez bien combien d'écoutes il nous faut pour en tirer un revenu suffisant… On parle souvent d'un rebond du marché du vinyle : c'est la vérité, mais cela représente une goutte d'eau par rapport aux ventes que nous avons connues par le passé. Il reste encore quelques exceptions, quelques chanteurs populaires ! Comme je reçois le hit-parade hebdomadaire des ventes d'albums (le Top 200), la plupart des albums sont des disques de rap…

Ce n'est pas un phénomène français. Quand je me rends aux États-Unis, je ne vois que très peu de disquaires ou de librairies ! Le monde occidental subit la même vague de désintérêt pour ces objets culturels. Heureusement, il existe encore de vieux magasins de « disques de naguère », mais je crains que l'objet soit devenu, ou en train de devenir, obsolète.

Heureusement, le spectacle ne sera jamais passé de mode. Le public ne pourra jamais télécharger un artiste sur scène. Désormais, les chanteurs tirent la plus grande partie de leurs revenus de concerts. Je suis surtout triste pour les centaines de personnes qui travaillaient dans les maisons de disques. Désormais, les bureaux sont vides, les grands titres se regroupent…

À la télévision, il n'y a plus d'émissions de variétés, ou très peu. Peut-être que les clips et les chaînes de musique genre MTV, NRJ Hits, RFM TV, etc., les ont tuées.

C'est en 1982, à la sortie de l'album *Par pudeur*, que tout commence à se gâter pour moi. Le jour de l'arbre de Noël de CBS, une employée me dit gaiement, sans (peut-être) se rendre compte de sa maladresse :

— Oh, Dave, on voit souvent votre album dans notre service.

— Dans quel service travaillez-vous, madame ?

— Le service retour…

— Ah, c'est bon signe !

Joyeux Noël ! Quand on est devenu la star du service retour, c'est qu'il y a un problème quelque part. J'ai de l'humour, certes, mais cela m'avait fait rire jaune…

Par pudeur était un texte de Patrick, sur une belle mélodie de Romano Musumarra – le compositeur de la plupart des succès de Jeanne Mas… Une jolie mélodie qui n'a pas touché grand monde.

La France n'est pas un pays de « chanteurs à voix », même s'il y a des exceptions : je me souviens du jour où j'ai entendu pour la première fois Mike Brant dans l'émission de variétés quotidienne de RTL. En arrivant dans le studio rue Bayard, je l'ai entendu chanter en direct… Quelle voix !!!

Quand le disco est arrivé, moi, je commençais tout doucement à disparaître. Est-ce le disco qui a causé ma perte ? Depuis le temps, j'ai eu l'occasion de me pencher sur la question, et je pense que c'est plutôt le changement de décennie. On constate la disparition de la plupart des vedettes des années 1950 après l'arrivée du yéyé, avec Johnny Hallyday, Eddy Mitchell, Sylvie Vartan, Françoise Hardy, Sheila, etc. Et c'est au début des années 1980 que tout s'est progressivement arrêté pour pas mal de vedettes des années 1970…

Les sociologues disent qu'on change de génération tous les cinq ans. Peut-être que le succès est générationnel. Quand un enfant de 10 ans aime un chanteur, à 16 ans, il est déjà passé à autre chose, et ainsi de suite. Mon succès a duré environ sept ans, comme les vaches grasses et maigres dans la Bible.

Quoi qu'il en soit, je n'ai jamais envisagé d'arrêter de chanter. Quand on est passionné, on n'abandonne pas. Au cours de cette traversée du désert, j'ai compris que je devrais trouver de nouvelles façons d'exercer mon métier.

LES CROISIÈRES

Comme je me trouvais en pleine « traversée du désert » dans les années 1980, les croisières m'ont aidé à conserver mon niveau de vie.

Au début de cette décennie, Franck Thomas, mon « secrétaire particulier », comme on appelait celui qu'on nomme manager aujourd'hui, me téléphone de Djibouti. Je connaissais déjà cette ex-colonie française, située en Afrique, à la frontière de l'Éthiopie, car j'y avais chanté à l'hôtel Sheraton. Franck était en vacances dans cet établissement et avait passé la matinée à nager dans la piscine avec la responsable des spectacles du *Mermoz*, un paquebot de croisière de la compagnie Paquet. Elle lui a expliqué qu'elle organisait des spectacles pour les passagers qui voguaient à bord du navire. Apprenant qu'il s'occupait de mes « galas », elle a souhaité m'inviter à chanter sur le bateau.

— Dave, est-ce que tu veux prendre l'avion demain et rejoindre le Mermoz ? Patrick peut venir avec toi. Ils vous offrent le voyage, et en échange, tu chantes sur le bateau.

— Et je serais payé combien ?

— Non, tu ne serais pas payé. Tu as une croisière offerte !

— Non, merci ! Au revoir !

Et j'ai raccroché.

Dix minutes plus tard, nouveau coup de fil. Franck m'avait négocié un cachet de quinze mille francs ! Donc, nous voilà partis, Patrick et moi, pour Durban, en Afrique du Sud, pour notre première croisière sur le *Mermoz*, un paquebot à l'ancienne, très différent des énormes navires d'aujourd'hui. En découvrant notre minuscule cabine, je me suis plaint au « commissaire », comme on nommait l'officier responsable entre autres des spectacles à bord du *Mermoz*. Il m'a expliqué qu'il n'existait que deux suites et qu'elles étaient déjà occupées par des passagers.

Cela ne correspondait pas à mes vieux souvenirs du *France*, ce bateau mythique à bord duquel j'avais chanté en 1969.

Sur le quai, en face de l'île Saint-Louis, il y avait un établissement gay (comme on ne disait pas encore), La Mandigote, le cabaret où j'avais chanté devant la responsable des spectacles sur le *France*. Très content : j'avais été rémunéré mille deux cents francs.

Mon premier gala sur le Mermoz s'était remarquablement déroulé. J'avais surpris tout le monde, mais je savais pourquoi : c'était grâce à mon école « crêperie/La Ponche/ Papagayo ».

J'ai chanté sur le *Mermoz* plusieurs années d'affilée. Chaque croisière rassemblait environ cinq cents personnes.

J'ai chanté sur des navires grecs et italiens. Il s'agissait de gigantesques bateaux de croisière avec près de cinq mille passagers, sans compter les quatre mille membres de l'équipage. La salle de spectacle, répartie sur trois ponts, pouvait accueillir mille cent personnes. Le programme de chaque semaine de croisière était le même : la soirée du commandant, puis une soirée de gala, parfois doublée, pour permettre à plus de passagers d'y assister. Le spectacle durait environ 50 minutes. J'étais logé dans une des plus confortables cabines du bateau, et, si je voulais visiter une ville, une voiture était mise à ma disposition. Beaucoup de chanteurs chantent sur des paquebots, et on remplit même des croisières sur leur nom, comme Charles Aznavour ou Julio Iglesias, que j'ai connu à Bruxelles en 1975, dans une émission de télé très populaire en Belgique, *Chansons à la Carte* ! Je l'ai entendu chanter son premier grand succès, *Manuela*. Nous étions dans la même maison de disques : CBS.

Dans le cadre d'un concert pour *Jour de France*, on avait demandé à Julio, Karen Cheryl et moi de chanter sur une plage de l'océan Atlantique. On nous avait promis que nous ferions la couverture du magazine, ce qui me plaisait bien. Julio s'en moquait complètement. Il m'avait expliqué qu'il n'était pas à une couverture de magazine près. C'est vrai qu'il est une star internationale.

Plus tard, Julio s'est installé à Miami puis à Saint-Domingue. Chaque début d'année, il m'envoyait ses vœux, ce que je trouvais très mignon.

Quand je l'ai reçu dans une de mes premières émissions de télévision comme présentateur, il est venu dans ma loge, et a soulevé mes cheveux pour vérifier le tour de mes oreilles afin de voir si moi aussi je présentais des cicatrices de chirurgie esthétique ! Julio pratiquait l'autodérision. (Entre parenthèses, je n'ai jamais offert mon corps à un bistouri.)

Revenons sur les croisières : dans les années 1990, j'en faisais jusqu'à sept par an !

Ces voyages comportaient tous les avantages : un bon salaire, le confort… et des vacances !

J'ai découvert des endroits magnifiques dans le monde entier.

Les Caraïbes, Nouméa, l'Extrême-Orient, dont la Birmanie, le Vietnam, Hong Kong, l'Indonésie, la Scandinavie, la Russie, la Colombie, le Brésil…

Je suis même passé par Amsterdam… Souvenirs, souvenirs.

J'ai jeté l'ancre sur la plupart des îles qu'il faut visiter sur notre planète, des eaux indiennes aux Caraïbes. Cela me donnait l'impression de vivre dans un hôtel quatre-étoiles flottant. Je m'endormais le soir en scrutant les constellations au large des îles Grenadines, et je prenais mon petit déjeuner sur une plage de Saint-Martin. C'est la magie de la croisière : chaque nuit, on change d'île, voire de pays. Nous embarquions souvent à Miami, en Floride, pour naviguer vers les Antilles.

J'ai découvert des paradis terrestres dont je n'aurais jamais eu vent si je n'avais pas exercé le « job de chanteur ».

Parfois, le paquebot restait amarré deux jours dans le port, pour les excursions. Au Kenya, le safari photo m'a laissé un souvenir impérissable. À Mombasa, nous avions loué une voiture pour nous rendre dans des lodges au milieu de la nature, pour une rare nuit à terre.

Il me revient à la mémoire que la mère de Daniel Auteuil, qui m'avait donné de petites pilules pour maigrir, m'avait prévenu : « Vous allez faire une petite dépression... » Ce n'était pas une petite ! J'avais effectivement perdu beaucoup de kilos, mais aussi mon moral. Dans ces conditions, la croisière était éprouvante, même si je n'avais rien laissé paraître durant les spectacles. (Chanter *Mon cœur est malade* est un merveilleux remède naturel.) Dans la savane kenyane, nous dormions dans un hôtel extrêmement silencieux, précisément à côté des plans d'eau où les éléphants se désaltéraient. J'en conserve des images extraordinaires. Le personnel de l'hôtel nous réveillait à 5 heures du matin pour nous faire découvrir les animaux en toute liberté. En observant les troupeaux d'éléphants, j'avais l'impression de vivre dans un film de Walt Disney. Quand j'ai découvert un petit éléphanteau qui s'amusait dans l'eau avec sa trompe, le poids que j'avais sur mon corps à cause des pilules de la mère de Daniel avait soudainement disparu. Je m'en souviens comme si c'était hier. C'était une libération naturelle. J'ai malheureusement perdu toutes mes photos de cette journée.

Évidemment, on peut reprocher à ces croisières de visiter uniquement les villes côtières, et donc d'offrir une vision superficielle des pays, mais on ne peut pas tout avoir. J'ai découvert des endroits du monde que je n'aurais jamais visités…

Ce sont de formidables souvenirs. De plus, dès qu'il s'agissait d'un voyage un peu « exotique », Patrick m'accompagnait évidemment.

Les commandants savaient que j'étais un ancien navigateur – toutes proportions gardées. Dès qu'il y avait un point de navigation intéressant, ils me faisaient appeler dans leur cabine, afin que je profite de l'entrée, que ce soit sur la Tamise ou dans le port de Venise. Un paquebot dans le port vénitien, ça met la ville en l'air ! D'ailleurs, cela devrait être interdit, mais je n'y suis pour rien.

L'entrée d'un navire de cette taille provoque beaucoup de variations de courant qui font vaciller les gondoles. Avec le bateau de pêche de mes 20 ans, j'aurais chaviré !

Je me suis produit dans ces croisières pendant quinze ans. Elles étaient organisées en partie en partenariat avec les journaux *Notre temps* et plus tard *Pleine vie*, dont les tirages étaient suffisamment conséquents pour assurer la publicité nécessaire au remplissage des bateaux.

Au début des années 1980, partir en croisière était très coûteux. Au fil des ans, cela s'est popularisé et c'est devenu de moins en moins cher pour les passagers, et donc, les moyens pour engager un chanteur avaient baissé. Les compagnies de croisières se rabattaient souvent sur des spectacles visuels et des chanteurs d'Europe de l'Est, moins coûteux.

Finalement, l'érosion de cette carrière de « marin chanteur » m'a plutôt arrangé, car elle a coïncidé avec mes débuts d'animateur à la télévision. Je n'avais plus le temps de tout faire.

EFGH : MA FORMULE « MATHÉMATIQUE »...

Je ne compte plus la quantité de fois où j'ai chanté devant un public, surtout si on compte aussi les six ans pendant lesquels j'ai fait « la manche »…

Je suis évidemment aussi allé voir très souvent les autres artistes sur scène, ne serait-ce que pour essayer de comprendre le secret de leur succès.

Je crois qu'un des chanteurs français qui m'ont le plus impressionné est Gilbert Bécaud. Puis aussi Claude Nougaro et Johnny Hallyday : le seul que je connaisse qui « chauffe » sa voix au fur et à mesure de son spectacle…

Nous autres chanteurs, nous n'avons pas le droit de dire : « Je connais bien mon métier » ! Cela passe pour prétentieux.

Pourtant, quand on engage un plombier pour s'occuper de ses problèmes de tuyauterie et qu'il dit :

« Ne vous inquiétez pas, je connais mon métier… », personne n'aura l'idée saugrenue de penser qu'il est prétentieux. Au contraire, le propriétaire de la maison se dira : « Encore heureux qu'il connaît son métier ! »

Je vous livre ici ma formule « magique » pour un chanteur :

EFGH. Émotion, folie, générosité, humour.

L'émotion : j'essaie de vivre à fond les chansons que j'interprète et de ressentir ce que je chante ! Par exemple, *Dernier regard*, la chanson qui raconte, grâce aux mots de Patrick Loiseau, le décès de ma mère, et pendant laquelle il m'arrive souvent de penser à feu ma sœur…

La folie : je grimpe en haut des enceintes, je saute dans la salle, je monte sur les fauteuils…

La générosité : j'essaie de me donner à 100 %.

L'humour : mes chansons ne sont ni drôles, ni satiriques. C'est entre les chansons que j'arrive à faire sourire (souvent ?) et même rire (parfois) le public, en multipliant « les bon mots » plus ou moins improvisés. Dès que je constate qu'une plaisanterie fonctionne, je la conserve pour le lendemain soir dans une autre ville…

Comme l'a écrit un jour Paul McCartney, un chanteur n'a pas forcément tous les atouts dans sa manche ! Chaque soir, pour chaque concert. Les stars aussi ont parfois une vie privée de tout. Avant un spectacle où tout le monde est là pour l'applaudir et le voir sourire, le chanteur a peut-être perdu un membre de sa famille ou un ami. Dans ces conditions, quand l'esprit est embrumé de noir, il n'est pas évident de chanter. Soit on annule, soit on se lâche et on donne tout. Moi, je n'annule jamais un concert. C'est hors de question. Il est facile de dire qu'on est aphone et de se « faire porter pâle », mais je me l'interdis. Généralement, l'organisateur ou le directeur de théâtre prévient le public que l'artiste vit des moments personnels compliqués…

Pour réussir un spectacle, le lien avec la salle est primordial. Il ne s'agit pas simplement de chanter.

Avant de monter sur scène, on écoute le bruit de la salle. Parfois, on me dit : « On dirait un congrès de notaires »… Parfois, c'est plutôt une cour de récré…

La manière de monter sur scène dépend aussi de l'état dans lequel on se trouve : j'aime entrer en courant, mais parfois, il est bon aussi de le faire en prenant son temps.

Il existe plusieurs façons de se comporter sur scène. Le meilleur exemple, pour moi, c'est de comparer deux monstres sacrés de la chanson française : Gilbert Bécaud et Charles Aznavour.

Aznavour était capable de chanter dos au public. À l'inverse, Bécaud toujours face au public. Chanson après chanson, il enchaînait les uppercuts comme un boxeur. À la fin du show, les spectateurs étaient lessivés… mais heureux ! J'ai rarement vu une prestation scénique aussi forte que la sienne. Hélas, plus grand monde ne le sait aujourd'hui, car il a totalement disparu du paysage médiatique. On n'entend plus souvent des artistes comme Bécaud ou Nougaro.

Joe Dassin, Dalida et Mike Brant sont trois artistes qui continuent à vendre des disques. Bécaud, Nougaro ou même Brel, beaucoup moins. Je trouve ça terriblement triste. Ces monuments de la chanson française ont quasi complètement disparu. Parfois, la chanson survit au chanteur, comme *Et maintenant*. Quand je présentais *Du côté de chez Dave*, sur France 3, le jeune invité Vianney avait choisi d'interpréter *Et maintenant*, même si je le lui avais déconseillé, car je craignais qu'il se plante.

— Je comprends ce que tu veux dire, Dave, mais je vais quand même le tenter !

Vianney a finalement bien fait de ne pas m'écouter, car il s'en est remarquablement sorti. C'est un chanteur très singulier, qui se promène sur la scène avec sa guitare, à la manière d'un Ed Sheeran. Vianney est un garçon adorable et intelligent. Je lui avais demandé s'il était gay, et ça l'a fait rire… (Mais la réponse était négative.)

Pour chanter face à un public, il faut d'abord comprendre quel est le type de public face à soi. C'est comme lorsqu'on fait la cour à une fille – je le sais, même si cela m'est arrivé rarement. Je pense que certaines femmes préfèrent des hommes entreprenants et sûrs d'eux, quand d'autres sont plutôt attirées par les garçons timides. Si je n'avais qu'un conseil à donner, je dirais que le plus important reste de faire rire ! Ce conseil est valable pour la scène, pour la séduction mais aussi pour un entretien d'embauche. Quand les gens ont payé pour nous voir, c'est plus simple. Il s'agit simplement de ne pas les décevoir, ce qui peut cependant arriver.

Il paraît que Mike Brant, qui était immensément populaire, surprenait le public à cause de sa timidité sur scène. Il sortait des notes absolument fabuleuses mais n'avait peut-être pas l'aplomb nécessaire pour faire sourire les spectateurs.

Dans les années 1970, j'assurais en moyenne dix concerts par mois. À force de chanter dans toutes les villes de France, j'entendais tous les potins sur les autres vedettes de « variétoche », C. Jérôme, Patrick Juvet...

Parfois, le public ne veut pas d'un artiste. Cela m'est arrivé, un jour, à un congrès de notaires. J'étais l'invité surprise, et les notaires n'avaient visiblement aucune envie de s'amuser avec moi après leurs multiples réunions. Sur cinq cents notaires, les trois quarts ne m'ont jamais écouté.

Quelques minutes avant de débuter le gala, j'écoute le brouhaha de la salle, caché derrière le rideau. Mon oreille avait appris à repérer l'ambiance « congrès de dentistes » ou « classe en plein désordre ». Cela me permettait d'ajuster mon attitude pour la première chanson. Dès le début du spectacle, mon travail est de tenter de transformer le bruit en enthousiasme. Souvent, au moment même où on monte sur scène avant la première chanson, il se produit un effet magique entre la salle et l'artiste !

Je ne fais pas partie des artistes qui ont besoin de répéter longtemps avant un concert. Le plus important, c'est la balance son et la vérification du « retour son » sur la scène. En effet, je fais partie des vieux chanteurs qui ne supportent pas les *ear monitors*, c'est-à-dire d'avoir le retour son des instruments et des choristes dans les oreilles. Lors de la dernière tournée d'*Âge tendre*, j'ai accepté les *ears*, mais je l'ai regretté au bout de vingt secondes. J'entendais très bien ma voix et les musiciens… mais pas le public ! Chanter sur scène, c'est comme faire l'amour. On a besoin d'entendre et de sentir son partenaire. Avant même la fin de la première chanson, j'ai jeté les oreillettes par terre ! Durant cette tournée, je crois qu'Annie Cordy et moi étions les derniers à faire de la résistance. Quand je pose une question à la salle, je veux entendre la réponse, si je glisse un trait d'humour, je souhaite percevoir le moindre éclat de rire. En studio, il m'arrive aussi de décaler mon casque d'un petit centimètre afin d'avoir un léger retour « réel » de ma voix.

Par expérience, je sais que le son n'est pas le même quand la salle est vide – pendant les balances – et quand elle est pleine. On fait donc souvent les tests pour rien. J'ai imaginé des codes avec mon ingénieur du son. Au début du concert, je fais un geste si je souhaite entendre plus ma voix, un autre pour les instruments, ou encore un autre pour le retour général. Certains artistes de ma génération répètent le concert en entier pendant la balance. Je n'ai jamais fait ça. Peut-être par peur de perdre la spontanéité si on prépare tout au millimètre ? Quand je chante une chanson sur la mort de ma mère, je n'ai pas besoin de répéter. L'émotion me vient naturellement.

Les répétitions sont donc très courtes. Les techniciens savent qu'avec Dave, ils vont avoir le temps de manger. Chaque artiste a son rituel…

Après la balance, je vais dîner. Je n'attends plus minuit pour aller au restaurant, car c'est devenu de plus en plus compliqué de trouver des établissements ouverts !

Je croyais qu'il était impossible de chanter après avoir mangé. C'est faux. À condition, évidemment, d'éviter la choucroute ! Je peux dîner à 19 h et chanter à 20 h 30. Il faut croire que j'ai la chance d'avoir la concentration nécessaire…

C'est comme quand on passe une audition. On doit être convaincu qu'on est le meilleur. (Tout en ayant un doute quand même !) Il faut monter sur la scène et donner le meilleur de soi. Lors de ma première audition chez Barclay, j'avais envoyé ma note la plus aiguë dès le premier couplet, pour impressionner le directeur artistique de Dalida qui m'écoutait.

Ma voix a souvent surpris les gens. On m'a souvent demandé comment je la travaillais, ou comment je la chauffais. La réponse est simple : je ne fais rien ! C'est le bon Dieu qui m'en a fait cadeau. C'est pour ça que je crois toujours en lui…

C'est sur scène que je chauffe ma voix. Mon tour de chant est construit *crescendo*. Je ne commence jamais par des morceaux qui filent dans les aigus. La chanson la plus délicate à chanter n'est pas *Vanina*, mais *Allô Elisa* – une des rares chansons dont les paroles n'ont pas été écrites par Patrick – qui contient des contre-uts, des notes très aiguës pour étonner le public.

Pendant plusieurs années, j'ai pris des cours de chant d'art lyrique avec Renée Doria. C'est très utile, notamment pour apprendre à respirer. Je suis un des rares chanteurs de variétés à avoir travaillé avec elle. J'y allais deux à trois fois par semaine, à Pigalle, un quartier sympathique qui mélange les bourgeois, les musiciens et la luxure.

Florent Pagny a la capacité de chanter comme un chanteur lyrique. Vincent Niclo, aussi, fait chanteur lyrique, et il a bien raison, car ses meilleures ventes concernent ses opérettes. Les gens le préfèrent en ténor qu'en artiste de variétés.

Ma voix n'est naturellement pas trop mal placée, ce qui explique que je n'ai pas vraiment besoin de la chauffer. Je passe peut-être pour un artiste pédant en écrivant ceci, mais c'est la vérité.

Un jour, un ORL m'avait dit après un examen :

— Monsieur, vous avez un diamant dans la gorge ! Apprenez à vous en servir.

Il m'avait dit ça à l'époque où je n'étais pas riche. Comme il m'a reçu gratuitement, il ne me l'a donc pas dit « pour ses honoraires » !

Après un gala, je crois savoir si j'ai été plus ou moins bon ou pas. Mais seuls les spectateurs détiennent la vérité. J'ai lu quelque part que Paul McCartney était satisfait de lui une fois sur trente.

Pour pouvoir communier avec le public, je le regarde. J'ai toujours chanté sans prompteur. Mes chansons sont inscrites dans mon disque dur interne/mon cerveau ! La seule fois que je l'ai utilisé, c'était à Bobino en novembre 2019, parce que j'interprétais dix chansons nouvelles de mon dernier album (*Souviens-toi d'aimer*).

Quand j'étais sur scène une douzaine de fois par mois (pour Serge Lama, un acharné du travail, c'était encore plus, vingt fois), la voix n'avait pas le temps de disparaître. Depuis ma chute en janvier 2022, je dois avouer que je suis parfois saisi d'une inquiétude avant un concert. Avant de partir, j'écoute les disques pour me rassurer. Comme le dit ma cardiologue, j'ai perdu une partie de ma légèreté.

Quand je pars en concert, c'est un jour de fête. Avec mon manager Michel Habert, on fait notre plein d'essence, on s'arrête pour goûter des glaces. C'est un peu comme des vacances ! Cela me rappelle mon enfance avec mon père, quand il nous conduisait dans sa Morris, une voiture anglaise, pour aller découvrir les arbres en fleurs au printemps. Sur mon agenda électronique, je note le nom de la ville en grand. Quand je pars en concert, j'y consacre toute la journée. Ce sont les plus beaux jours de l'année. Dès la soirée de la veille, je m'endors en pensant : « Youpi, demain, je chante ! »

Forcément, comment voulez-vous que je comprenne les jeunes qui réclament la retraite à 60 ans ? Je rêverais de chanter jusqu'à 100 ans. C'était l'idée d'Aznavour… Il y était presque. Je sais que l'espérance de vie d'un homme est établie à 79 ans et 4 mois… Oups, c'est pile mon âge !

Et avec ma chute, il s'en est fallu de peu que je ne sois pas dans la moyenne.

Désormais, l'écart avec celle des femmes s'est réduit. Leur espérance de vie diminue parce qu'elles travaillent (et fument) autant que les hommes, à tort ou à raison.

En vieillissant, beaucoup de chanteurs baissent la tonalité de certaines de leurs chansons, afin de protéger leurs cordes vocales. Je comprends qu'on puisse le faire, surtout si l'interprète se rend compte en écoutant ses enregistrements que sa voix ne sonne plus aussi bien dans les notes aiguës. En ce qui me concerne, à près de 80 ans, je n'ai toujours pas amendé une seule de mes partitions, et je ne prévois pas de le faire (par amour-propre ?). Je crois que le cerveau a la mémoire des notes aiguës. On peut avoir du mal à interpréter une nouvelle chanson à cause des aigus. En revanche, pour un succès que j'interprète depuis un demi-siècle, aucun problème : ça sort tout seul.

Certains chanteurs de ma génération ne montent plus de la même façon… Je suis allé voir Gérard Lenorman à l'Olympia pour comprendre comment il se débrouillait avec sa nouvelle voix un peu rauque… C'était très réussi. Il a ajouté un peu plus d'humour à son spectacle, et, surtout, son public entend toujours les mêmes chansons. Ses spectateurs étaient ravis.

Quand un imitateur reprend l'une de mes chansons, ce n'est jamais *Vanina*, qui monte beaucoup trop haut – sauf Michaël Gregorio, quelle voix ! –, mais toujours *Du côté de chez Swann*.

Vanina avec ses notes aiguës, je la chante à la fin, sûr que ma voix est bien chauffée.

Je me souviens d'un concert de Michel Polnareff. Son succès de l'époque était *Je suis un homme*. À la fin du concert, il ne l'avait toujours pas chantée. Au moment des saluts, cela n'a pas raté, le public a entonné :

Je suis un homme
Je suis un homme
Quoi de plus naturel en somme ?

Et Polnareff a chanté son tube en rappel. Depuis, je fais pareil avec *Vanina*, en disant que pour un artiste, une des choses les plus importantes est de surprendre…

Depuis que j'ai sorti *Dansez maintenant* en 1976 (six cent mille exemplaires vendus, rien qu'en France, cette année-là), j'ai toujours commencé mes spectacles avec cette chanson. C'est une mélodie du chef d'orchestre américain Glen Miller, que les gens connaissent.

Dansez maintenant donne le sourire au public dès le début du spectacle. J'enchaîne aussitôt avec *Est-ce par hasard ?*, encore un hit américain (chanté par Nat King Cole).

Je me base beaucoup sur ce que j'ai appris dans la comédie musicale *Godspell* pour ce qui concerne, entre autres, l'ordre des chansons. Plus de 700 représentations !

Je ne chante jamais l'intégralité d'un nouvel album sur scène : trop de chansons que le public ne connaît pas (encore ?). Quand je présente un nouveau morceau, je le fais presque en m'excusant…

Au Zénith de Paris en 2016, j'avais assisté au concert de mon « collègue » Renaud, qui mélangeait ses anciens tubes à son tout dernier album. Il disait :

— Je sais que vous venez tous pour les vieilles chansons, mais moi j'aime bien les nouvelles, alors je vais les chanter quand même !

Renaud a produit mon album en 2019. On lui a fait écouter *La fille aux deux papas*, la chanson que Patrick a écrite pour la première enfant de Marc-Olivier et François. Ce morceau a touché le cœur de Renaud, toujours sensible aux sujets sociétaux, et il m'a proposé de produire mon disque.

Renaud, qui est presque mon voisin dans le Vaucluse, était venu me voir en concert il y a pas mal d'années et m'avait félicité ainsi :

— En fait, Dave, tu es un clown musical !

Un jour, je suis arrivé complètement aphone dans la ville où je devais chanter. J'ai consulté un ORL en urgence, qui m'a administré une piqûre de cortisone – inefficace. Je suis donc monté sur scène avec seulement la moitié de ma voix. J'ai joué franc jeu avec le public en expliquant l'état désastreux de mes cordes vocales. Ma technique ce soir-là ? Changer légèrement la mélodie des chansons les plus difficiles afin d'éviter les aigus. Le public a vu que je me donnais à 100 % pour me produire dans des conditions difficiles, et j'ai réussi à embarquer tout le monde avec moi… La franchise avec le public est importante !

Je vous parlais de ma voix. Je crois qu'elle est fixée pour toujours dans mon ADN. Même ma chute et les problèmes de santé qui en ont découlé n'ont pas affecté (pour le moment ?) mes cordes vocales.

Seule ma voix de fausset (voix de tête) rencontre des difficultés quand je suis fatigué. C'était la même chose pour Johnny Hallyday. Je l'avais interrogé au sujet d'une des chansons de son répertoire que je préfère (*Entre mes mains*), et il m'avait répondu qu'il n'y arrivait plus…

Les cordes vocales sont des membranes qui peuvent se fatiguer avec le temps.

Ce n'est pas drôle de vieillir. Quand je pense que Mick Jagger vient d'avoir 80 ans. Ce n'est pas drôle, d'avoir 80 ans… Cela va bientôt m'arriver ! À six jours près, nous avons un an d'écart, et sommes du signe astrologique du Taureau.

Comme la majorité de mes chansons sont écrites par Patrick, j'arrive en studio beaucoup mieux préparé qu'un autre interprète. Je l'entends travailler dans son bureau, et lui donne parfois mon avis. C'était l'une de nos deux sources de querelles conjugales : les paroles des chansons, et nos chiens ! Pendant des années, il m'a reproché d'être trop permissif avec nos animaux, mais désormais, avec Clara, c'est l'inverse, il la laisse tout faire !

J'ai enregistré la plupart de mes succès avec la star des ingénieurs du son : Bernard Estardy. Ce dernier a enregistré tous les plus grands : Johnny Hallyday, Claude François, Gérard Lenorman, Françoise Hardy, Stone & Charden, Nino Ferrer, Marc Lavoine, Charlélie Couture… Bernard travaillait dans son studio plus que de raison, commençant très tôt et finissant très tard, et je crois qu'il en est mort. Je pense que l'excès de café l'a tué. Quand il restait vingt heures d'affilée dans son studio, il en buvait sans cesse. Ce n'était pas le genre de type à sniffer de la cocaïne. Son studio était minuscule, mais il avait un don. On était nombreux à vouloir travailler avec lui.

En studio, je chante rarement avant 14 heures, et comme la plupart des interprètes, c'est le soir que je suis le meilleur, car ma voix a eu le temps de chauffer naturellement.

Comme je vis avec mon parolier, donc, je n'ai jamais découvert une chanson en studio au dernier moment. C'est le cas pour certains interprètes. Cependant, j'imagine que des binômes comme Alain Souchon/Laurent Voulzy ou Bernie Taupin/Elton John passent aussi des heures à travailler sur leurs chansons avant de se retrouver en studio. Il n'est pas forcément nécessaire de coucher avec son parolier pour performer... !

En studio, l'ingénieur du son est encore plus important que le chanteur. À l'époque de mes premiers enregistrements chez Barclay, il n'y avait que quatre pistes différentes. Désormais, on peut monter jusqu'à quarante-huit. Cela signifie qu'on peut réserver une piste au triangle pour dix petites notes d'une chanson de trois minutes. La technologie est prodigieuse. Chaque note peut être retouchée. Depuis 1963, les chanteurs ont appris à s'adapter à ces magnifiques évolutions.

Dans sa cabine, l'interprète veut aussi épater le preneur de son... Quand je savais que je passais juste après

Johnny Hallyday, je peux vous assurer que je ressentais une certaine pression…

Généralement, Jean-Jacques Souplet se tenait en régie, avec Patrick Loiseau. Les ingénieurs du son n'apprécient pas toujours que l'auteur de la chanson soit présent pendant l'enregistrement, mais dans le cas de Patrick, cela m'aidait beaucoup, car il était attentif à ma prononciation – en raison de mon accent hollandais.

J'ai beaucoup parlé de *Trop beau*. Initialement, cette chanson s'appelait *Jeu de main, jeu de vilain*. Quand je l'ai enregistrée, on ne comprenait rien ! Dans ma voix, je ne parvenais pas à retranscrire les jeux de sonorités.

D'autres chanteurs, comme Demis Roussos, considèrent qu'il est plus facile de sortir une note aiguë sur un « i » que sur un « a ». Patrick lui a écrit un immense succès (*Mourir auprès de mon amour*).

Honnêtement, je n'ai jamais pris autant mon pied en studio que sur scène. Je préfère être le boss devant mon public. En studio, il faut recommencer plusieurs fois la même chanson, on reçoit des critiques – et heureusement, pour la qualité de l'album –, cela correspond plus à un travail.

Sur scène, je m'éclate. Tenez, j'aime beaucoup chanter *Je voulais te dire que je t'attends*, de Michel Jonasz, sur un texte de Pierre Grosz. Elle fait partie de mes chansons hors répertoire qui rencontrent du succès, au même titre que

Jezebel, un morceau américain popularisé en France par Édith Piaf.

Dans mon répertoire, j'aime toutes mes chansons, même si j'ai oublié les face B qui n'ont rencontré aucun succès. En revanche, je me souviens des morceaux que j'ai écrits au début de ma carrière, chez Barclay. J'en chante toujours une : *La Cigarette qui me brûle les doigts*. Une autre, que j'apprécie, s'appelait *Raconte-moi des mensonges*.

Je sais que mon manager n'aime pas trop *Lettre à Hélène*. Lors d'un concert en plein air, il s'est mis à pleuvoir et je n'ai pas eu le temps de la chanter. Michel Habert était ravi !

Lettre à Hélène est un morceau écrit par Patrick Loiseau qui aurait dû être un plus grand succès. Malheureusement, elle est sortie au moment de la mort de Claude François, elle est donc passée inaperçue. On en a vendu seulement 280 000, ce qui aujourd'hui serait un méga disque d'or, mais à l'époque, c'était très loin des ventes d'*Alexandrie, Alexandra*, dont le quarante-cinq tours est sorti le jour des obsèques de Claude François.

En face B de *Lettre à Hélène*, je vois qu'il s'agit de *Promeneur solitaire*. Vous souvenez-vous de cette chanson ? Pas moi !

Mes chansons sont comme des enfants. On en a parfois ras le bol, dans l'instant (à la fin d'une longue tournée, par exemple), mais jamais définitivement. Depuis mon accident, j'ai chanté assez peu, alors je suis toujours ravi de retrouver Vanina, Swann, Hélène, Elisa et toutes les autres. Mes chansons font partie de ma vie. J'y suis très attaché.

Je n'ai jamais fait un concert sans *Vanina* et *Du côté de chez Swann*. C'est impossible !

Quand je chante *Dernier regard*, je prononce quelques mots pour expliquer l'histoire de cette chanson. En effet, j'ai eu la mauvaise surprise d'entendre un jour un animateur de RTB annoncer ce titre de façon très gentille… mais à côté de la plaque :

— Et voici *Dernier regard*, encore une belle histoire d'amour dont Dave a le secret !

Une chanson d'amour, certes, mais sur la mort.

Étant donné mon âge, les spectateurs comprennent qu'elle n'est plus là et l'atmosphère change.

Le soir de la mort de ma mère, j'ai trouvé le public incroyablement gentil et empathique. Je n'en revenais pas. J'ai su après que mon manager avait prévenu le public. Les gens avaient été d'une gentillesse incroyable. Si vous êtes de ceux-là : merci infiniment pour votre compassion.

Aux Pays-Bas, je n'ai qu'un seul véritable succès, *Dansez maintenant* ! Avec une seule chanson connue sur vingt, c'est délicat d'assurer un concert en entier sans perdre l'attention du public.

Au fur et à mesure des années, les spectacles se sont allongés. Désormais, un récital dure au moins une heure et demie, voire deux heures. Récemment, je suis allé voir

Salvatore Adamo. Le gala a duré près de trois heures ! Chez soi, dans le confort de son fauteuil avec un petit verre, il est assez rare d'écouter trois albums différents du même artiste. Qui a envie d'écouter un seul chanteur pendant trois heures, sans pause ? Pas moi, en tout cas. Pour cette raison, j'ai toujours limité mes spectacles à 1 h 50. Peut-être suis-je moins prétentieux que les autres, mais je ne veux ennuyer personne. Après vingt-cinq chansons et quelques sketches, on a donné l'essentiel. Je préfère que certains spectateurs sortent en pensant « c'était trop court » que « c'était trop long ».

Ce n'est pas une question de santé, je suis dynamique. Même si je ne travaille pas ma condition physique. J'ai la chance de ne pas en avoir vraiment besoin. Évidemment, je ne suis pas le même homme qu'à 30 ans, mais ça va, quoi ! D'ailleurs, je déteste quand on me dit :

— Oh, vous êtes encore bien pour 79 ans…

Mais enlevez-moi ce « encore » !

Je fais souvent l'analogie entre un sportif de haut niveau et une vedette de la chanson. Quand je monte sur scène, il se produit une réaction chimique, une bouffée d'adrénaline et d'endorphine qui m'invite à me surpasser. Si je ressens des douleurs avant d'entrer en scène, elles disparaissent pendant l'heure et demie de gala. C'est stupéfiant, mais c'est la réalité. Je suppose que ce phénomène est à la fois psychique et physique.

Pour réussir un bon concert, il faut évidemment aussi de bons musiciens.

C'était au début souvent mon arrangeur – Guy Mattéoni – qui les choisissait pour moi.

Les meilleurs musiciens sont souvent ceux qui jouent en studio, même si de grands artistes qui assurent cent dates par an peuvent se permettre de les sortir de leur prison dorée.

Tant qu'on a beaucoup de succès, on dispose des meilleurs.

Un bon musicien pour les spectacles est aussi quelqu'un qui a le sourire, et qui rit aux plaisanteries même s'il les entend pour la soixantième fois. Je déteste les musiciens qui jouent d'un air maussade. Le public doit sentir la complicité entre le chanteur et son orchestre.

Moi, je suis toujours heureux de retrouver mes musiciens. Au-delà de la qualité musicale, la connivence est très importante à mes yeux.

Michel Sardou est le premier artiste de variétés à avoir engagé un « orchestre de bal ». C'était celui de René Kohl, que l'on voyait à la télévision dans les émissions de Patrick Sébastien. Plus tard, j'ai fait comme lui. Les musiciens de bal disposent d'une telle expérience du répertoire de la chanson française qu'ils sont extrêmement bons ! Les musiciens d'un orchestre de bal savent accompagner de nombreux artistes : ils connaissent tous les tubes ! J'ai eu quatre orchestres de bal différents. Avec une section rythmique, des cuivres et des choristes… C'est très complet et financièrement intéressant pour tout le monde. Pour eux, c'est plus court que de jouer pour un bal populaire, où il faut jouer de l'apéritif au petit matin.

J'ai toujours eu un profond respect pour les musiciens. En effet, je ne me considère pas comme tel, même si j'ai pris des cours de chant et des leçons de guitare. Je suis un chanteur car le bon Dieu m'a donné une voix, mais c'est tout.

Jeune homme, pendant les cours d'art lyrique qu'elle me donnait, Renée Doria disait de moi que j'avais une voix de ténor, que je pouvais chanter du lyrique. Dans la variété française, les voix de ténor sont rares – je pense à Patrick Fiori. Dans l'Hexagone, ce ne sont pas des qualités requises pour passer à la radio. La France n'a pas l'équivalent d'Elton John, par exemple. Quand vous écoutez du Goldman, cela n'a rien à voir avec l'art lyrique. D'ailleurs, cet enseignement m'a posé un problème au début de l'aventure *Godspell*. En effet, il fallait chanter de façon moderne. Dans l'opéra, on chante les notes fermées, les « A » deviennent des « O ». Quand on m'a donné le trente-trois tours original de *Godspell* – version Broadway –, le chanteur américain chantait de façon lyrique. Pour le public français, je me suis vite adapté.

En 1998, j'ai enregistré l'album *Dave classique*. Il s'agissait de grands airs de musique classique – des airs populaires – sur lesquels Patrick a écrit des paroles : la *Symphonie du Nouveau Monde* de Dvořák ; le *Concerto n° 21* de Mozart ; l'*Hymne à la joie* de Beethoven… Il y avait aussi l'*Ave Maria* de Schubert, sur un texte de Patrick qui était dans l'esprit de Noël, que j'ai souvent interprété sur les plateaux TV. Lors de la soirée du Téléthon, j'avais chanté *Rêve d'amour* de Liszt avec l'orchestre classique de la gendarmerie nationale. J'aurais aimé en faire un très grand concert, mais je n'ai malheureusement pas eu l'occasion (et peut-être pas le talent). Ce disque n'était pas très « grand public », mais j'ai pris beaucoup de plaisir à l'enregistrer.

J'avais travaillé avec un producteur indépendant, mais nous avions rencontré des difficultés à le commercialiser, car j'étais en plein au creux de la vague. Dès mon premier contrat chez CBS, j'avais ajouté une clause, pour me permettre de faire un enregistrement de disque lyrique ou classique dès que j'en avais l'envie. À mon apogée, cela ne s'est pas fait, car je vendais des dizaines de milliers de disques par jour (pas par semaine : par jour !), donc je n'en avais ni le temps ni le besoin. Chez Pathé-Marconi puis chez EMI, j'ai encore ajouté cette clause.

Dans mon travail de chanteur, il y a aussi la question de l'accent. Si l'on écoute *Du côté de chez Swann* ou *Vanina*, il est indéniable que j'ai un accent.

Je n'ai jamais perdu ce témoin de mon origine hollandaise, même s'il est moins fort que ne l'était l'accent italien de Dalida. Je maîtrise plusieurs langues dites « étrangères », mais certains sons ne sont pas fixés dans mon cerveau, comme, en français, les J ou les G. Cela n'empêche pas les mots de venir, notamment grâce à mon vocabulaire, grâce à mes sessions quotidiennes de lecture. Si vous parcourez ces lignes, vous avez le talent de faire partie du faible pourcentage de gens qui, comme moi, lisent encore chaque jour. Comme j'adore le foot, j'écoute souvent les interviews des footballeurs, et je suis frappé par la façon dont ils parlent. Globalement, ils s'expriment tous très mal, avec un vocabulaire très restreint – ce qui ne signifie pas qu'ils n'ont rien à dire. Mais en les entendant, je perçois qu'ils ne lisent pas. Plus on lit, plus on connaît de mots, même si la mémoire diminue en vieillissant.

Les Français semblent avoir toujours apprécié les chanteurs à accent : Petula Clark, Dalida, Gloria Lasso, Jane Birkin… Le chauvinisme français l'emporte, car les habitants de l'Hexagone apprécient l'effort des artistes étrangers pour chanter dans la langue de leur pays d'adoption. Ce qui compte, c'est l'intégrité, le récit, pas l'accent. Francis Cabrel a toujours chanté avec une pointe d'accent du sud-ouest, cela n'a jamais dérangé personne.

Pour chanter, c'est en anglais que je suis le plus à l'aise. La langue néerlandaise est très gutturale, peu chantable.

Ça sonne mal. *Je t'aime*, en hollandais, c'est *Ik houd van je*. On a l'impression que je vais mordre le ou la bien aimé(e) ! Rien à voir avec *Ti amo* ou *I love you*, qui sonnent mieux. Quand j'enregistre un disque dans une langue que je ne maîtrise pas assez, j'ai une sorte de chaperon pour m'aiguiller. Pour mes albums en espagnol, c'est la productrice Marie-France Brière, dont la mère est argentine, qui m'assistait en studio. Heureusement, quand j'ai enregistré pour le marché japonais, je l'ai fait en… français ! Même s'ils ne comprennent pas le sens des mots, ils apprécient beaucoup la chanson française. Il n'y a aucun mal à cela : combien de Français idolâtrent des groupes anglo-saxons sans comprendre un traître mot de ce qu'ils chantent ?

Dans le monde occidental, la chanson française est réputée pour la qualité de ses textes. Même si les mélodies de Georges Brassens sont plus compliquées qu'on ne le pense, les paroles restent le pilier de son œuvre. Brel, Ferré, Bécaud, Nougaro, Ferrat… En tant que chanteur de variétés, je ne fais pas partie de cette catégorie, même si Patrick Loiseau porte une grande attention aux textes de mes chansons. D'une grande modestie, il se qualifie de parolier, mot qu'il différencie de celui d'« auteur ». Étant donné qu'il s'agit de mon bien-aimé, on peut me taxer de subjectivité, mais peu importe : Patrick Loiseau est un grand auteur.

La musique anglo-saxonne me semble avant tout basée sur la qualité des mélodies, même si l'on ne peut occulter les auteurs comme Bob Dylan, Bernie Taupin pour Elton John, Lennon et McCartney, Leonard Cohen, etc.

QUELQUES BIDES…

Le 17 novembre 1993, j'étais au Parc des Princes pour le match France-Bulgarie, qui devait célébrer la qualification de l'équipe de France pour la Coupe du monde 1994. Au même titre que Nicoletta, je devais chanter après la rencontre, pour la soirée des sponsors, organisée par Jean-Claude Darmon, le grand argentier du football français. Comme je suis un fondu de ballon rond, j'étais ravi ! Hélas, rien ne s'est passé comme prévu, car le bulgare Emil Kostadinov a marqué un but à la dernière minute, offrant la qualification à la Bulgarie, à la surprise générale. Ce but inattendu, qualifié de « mise à mort » par Thierry Roland et Jean-Michel Larqué sur TF1, a glacé tout le stade. J'ai aussitôt compris que la fin de soirée allait être compliquée…

Dans la salle, où se déroulait la réception d'après-match, les tables étaient décorées de jolis petits drapeaux français et américains. C'est tout juste si on ne m'avait pas demandé de chanter *C'est l'Amérique* de Joe Dassin ! La grande table, réservée aux joueurs (Ginola, Deschamps, Desailly, Cantona, Papin…), est restée désespérément vide. Il régnait une ambiance d'enterrement. Les grands patrons dînaient en silence. J'ai traversé le concert le plus éprouvant de toute ma vie. De surcroît, je m'étais montré assez inconscient en montant sur scène. Je voulais redonner du baume à cœur à tout le monde, mais après une élimination aussi honteuse, dont les conséquences économiques étaient très importantes, c'était impossible. J'ai donc chanté avec le sourire, en multipliant les plaisanteries comme je le fais toujours.

Malgré tout, j'ai su que je m'en étais bien sorti, grâce à… Johnny Hallyday. En effet, le rocker avait accompagné son ex-femme Sylvie Vartan – née en Bulgarie. Sylvie était l'unique personne souriante de toute l'assemblée. Après ma prestation, Johnny est venu me saluer :

— Ce que tu as fait ce soir, Dave, je ne l'ai jamais fait. Chanter devant un public qui ne veut pas de toi, chapeau.

Effectivement, Johnny est toujours arrivé sur scène dans la peau du grand Johnny Hallyday que tout le monde veut voir, écouter, approcher. Moi, j'ai fait ce qu'on appelle des « concerts privés », par exemple pour la fête du groupe ORPI, pour celle du Crédit Lyonnais, etc. Les gens sont là parce qu'il y a un dîner, un buffet… et ne savent même pas qui est le chanteur !

J'étais très content d'être félicité par Johnny Hallyday.

Au cours de ma vie professionnelle, je n'ai pas connu beaucoup de véritables bides. Quelques-uns, et cela ne s'oublie pas…

Une fois, la raison était plutôt politique : j'avais été engagé par le maire d'une commune, qui entre-temps avait perdu les élections. Le nouveau maire ne m'appréciait pas du tout, et j'avais été très mal reçu.

Parfois, c'est à cause d'un changement de « tête d'affiche ».

Lors de l'été 1980, à Villeneuve-sur-Lot, alors que j'interprétais, en m'accompagnant à la guitare, une de mes propres chansons, *La Cigarette qui me brûle les doigts*, une voix de femme en a profité pour crier :

— Pédé !

Je n'étais pas trop surpris d'être insulté, car ce soir-là, j'avais remplacé Joe Dassin, qui venait de mourir à Tahiti. Les spectateurs avaient payé pour *L'Amérique* et *Les Champs-Élysées*, et ils avaient *Vanina* et *Du côté de chez Swann*. En plus, comme Joe était mort à l'autre bout du monde, peu de personnes étaient encore au courant de son décès.

Un autre concert compliqué : à l'hôtel Amstel d'Amsterdam, dans les années 2000, je chantais après une artiste lyrique qui avait été très applaudie. En Hollande, les gens ne connaissent qu'une seule de mes chansons (*Dansez maintenant*), et vaguement une autre (*Du côté de chez Swann*)

– pourtant, ma chanson *Qui peut dire à Nathalie* de 1969 était entrée dans le hit-parade néerlandais. Ce soir-là, les spectateurs ont discuté entre eux tout au long de ma prestation. C'est spécial. Il n'y avait même pas d'animosité, simplement de l'indifférence. C'est peut-être encore plus difficile à encaisser. Ce genre de soirée a le mérite de calmer l'ego.

HISTOIRE D'UN TUBE – *DANSEZ MAINTENANT*

De mon quatrième succès *Dansez maintenant*, je n'ai jamais vraiment aimé l'arrangement... En revanche, les paroles de Patrick Loiseau collent bien avec la mélodie de Glen Miller. Jean-Jacques Souplet avait redécouvert *Moonlight Serenade* du tromboniste américain dans l'émission *Le Monde de l'accordéon* de Jacqueline Huet, la plus jolie speakerine de la télévision française. Hélas, en 1986, elle qui vivait dans la rue Boileau s'est volontairement donné la mort dans son bain, probablement déprimée parce que les portes de la télévision lui avaient été fermées. Dans les années 1970, elle présentait *Le Monde de l'accordéon*. La composition de Glenn Miller n'est absolument pas une chanson de variétés, mais un morceau de jazz instrumental. Entendant cet air-là, Jean-Jacques Souplet a demandé à Patrick de trouver des paroles.

Patrick : C'est amusant comme nos avis divergent sur plusieurs chansons. Contrairement à Mon cœur est malade, *j'aime beaucoup* Dansez maintenant. *J'avais écrit le texte à bord de* La Solitude, *notre bateau sur la Seine, et j'étais à peu près sûr – autant qu'on peut l'être – que ma plume prenait la bonne direction. Je me souviens du moment où je t'ai montré le texte sur le bateau, tu m'as dit que tu n'aimais pas. En revanche, Jean-Jacques a accroché et m'a dit : c'est pile-poil ce qu'il me fallait.*

Après avoir passé du temps à enregistrer cette chanson, j'ai quitté le studio, comme à mon habitude, pour laisser Bernard Estardy mixer la chanson. Ce n'est pas un travail de chanteur. Une fois le mix terminé, je suis rentré au studio pour écouter. Je n'étais pas vraiment heureux, n'appréciant pas l'arrangement. Habituellement, j'aime beaucoup le travail de Guy Mattéoni, mais là, mes oreilles saignaient…

Et pourtant, on en a vendu sept cent mille ! De plus, c'est mon seul et unique tube aux Pays-Bas. Je ne peux pas y couper…

Mais je trouve qu'au fil des ans, à force de la chanter sur scène, tu te l'es appropriée, non ?

Oui, car sur scène, je suis le seul maître à bord, donc on m'a fait des arrangements plus jazzy, notamment en remplaçant les « poin-poin » par de jolies harmonies vocales.

Je suis content que tu ne la détestes plus…

Même si j'ai beaucoup critiqué cette chanson, je dois reconnaître que ton texte est très efficace. *Dansez maintenant*, c'est un gimmick qu'il fallait trouver. De toutes les reprises de *Moonlight Serenade*, notre version est la seule qui ait fonctionné en version « variétés », c'est-à-dire avec tes paroles…

ANIMATEUR TÉLÉ

À partir des années 1980, comme mes disques marchaient moins bien, je passais moins souvent à la télévision. J'étais donc beaucoup moins abordé dans la rue (ou alors dans le style du : « Vous ne chantez plus ? »). Quand, dans les années 2000, M6 et la boîte de production Fremantle m'ont proposé de faire partie du jury de l'émission *La France a un incroyable talent*, j'ai constaté une recrudescence des demandes d'autographes. Comme le programme était très regardé, et aussi par les enfants, ceux-ci me reconnaissaient dans la rue. Cependant, ils savaient peut-être à peine que j'étais chanteur ! Pour eux, j'étais un animateur de la télévision. Quand, par suite de ces quatre années de l'émission sur M6, je suis devenu présentateur le dimanche de *Du côté de chez Dave* sur F3, j'avoue que j'étais parfois un peu triste que l'on me considère seulement comme un présentateur.

La première qui a pensé à moi pour me faire présentateur de télé, c'est Tina Kieffer. Au début de sa carrière, avant de réaliser son très beau parcours de journaliste, elle travaillait dans l'équipe de Christine Bravo. Elle souhaitait co-présenter une émission avec moi, mais finalement, cela ne s'est pas fait.

La première émission que j'ai présentée, c'était dès l'année 1996, avec Sheila : *Salut les copains*, sur TF1. Cela a duré deux ans. J'ai adoré cette grande première. Je me sentais dans mon élément. Sheila était une admirable camarade de bureau. Nous recevions mes camarades : Patrick Juvet, Frédéric François, Fabienne Thibeault… Ces derniers chantaient leurs tubes, répondaient à nos questions, et les séquences étaient entrecoupées de passionnantes images d'archives. En partenariat avec Europe 1, *Salut les copains* renvoyait évidemment au célèbre SLC, l'émission de radio phare des années 1960. Sous des néons rose et bleu, j'apparaissais vêtu de chemises colorées à motifs, assis à une table à côté de l'interprète de *L'École est finie*. Des micros de radio étaient posés sur la table dans un décor chaleureux et nostalgique. L'émission était produite et réalisée par Guy Job.

Malheureusement, et malgré le succès d'audimat, la première chaîne a protesté contre la présence de Sheila à l'antenne !

On m'a proposé plusieurs noms de co-présentatrices, mais j'ai refusé. C'était trop gênant pour moi d'accepter que Sheila soit ainsi remplacée. Finalement, TF1 m'a demandé de présenter l'émission, seul, et Sheila m'a donné son feu vert. Pour la première fois, j'ai donc assumé tout seul l'antenne, avec un léger changement de nom : *Salut les chouchous*.

Ensuite, j'ai présenté plusieurs *primes* de variétés sur France 2, d'une émission qui s'appelait, comme ma chanson, *Dansez maintenant*, avec la productrice Dominique Cantien. C'était un joli succès. Je recevais tous les chanteurs à la mode, d'Alizée à Julio Iglesias. Un jour, j'ai eu le tort de critiquer le montage car toutes mes plaisanteries (plus ou moins drôles j'avoue) étaient coupées. Je me suis donc fait virer !

En 2010, M6 m'a proposé de devenir juré dans l'émission *La France a un incroyable talent*. C'était fantastique, car il s'agissait d'improvisation totale. Je devais réagir aux prestations diverses et variées des artistes candidats. C'était très spontané, à mon image. En 2011, j'ai été secoué par la voix de Marina Kaye, qui était encore une adolescente. Elle avait merveilleusement chanté deux morceaux d'Adèle (*Rolling in the Deep* et *Set Fire to the Rain*) ainsi que *Firework* de Katy Perry. J'avais tout fait pour qu'elle gagne.

J'aime beaucoup l'univers de la télévision. *Ciel, mon mardi !* avait révolutionné la télévision en son temps. Christophe Dechavanne a apporté sa touche particulière. Jean-Pierre Foucault et Nagui ont fait la même chose, chacun à sa manière. Aujourd'hui, la plupart des animateurs TV sont issus des radios FM… Gérard Klein était un formidable animateur de radio mais n'a jamais connu le même succès à la télévision, un peu comme José Artur. Ce sont deux choses différentes. C'est avec lui que je suis passé à la télévision pour la première fois, à Cannes, en 1969, à l'occasion d'un concours d'été organisé au Palm Beach. C'était aussi l'une des premières fois d'Alain Bashung, qui chantait encore avec une voix « normale » qui n'avait pas grand-chose à voir avec celle qu'il prendrait ensuite…

En 2014, je suis donc devenu le présentateur de l'émission *Du côté de chez Dave*, sur France 3, avec Amanda Scott comme co-animatrice. Après deux ans avec Amanda, l'émission a été renommée *Même le dimanche*, et c'est Wendy Bouchard qui m'a accompagné afin de donner un ton plus journalistique à l'ensemble. De toutes mes années à la télévision, cette émission dominicale sur France 3 représente mon meilleur souvenir. C'était passionnant. On a permis aux jeunes artistes qui n'étaient pas encore connus, comme Jain ou Vianney, de chanter en direct. Contrairement à ce qu'il se passait dans les émissions de variétés habituelles, les artistes ne venaient pas seulement pour chanter. Il y avait un vrai dialogue, et les interviews représentaient une part importante de l'émission. Patrick aimait mieux quand j'étais exclusivement chanteur, car il n'aimait pas trop me voir passer de longues heures à préparer mes questions et mes lancements. Cela dit, l'exposition dominicale sur France 3 pendant trois années a probablement aidé à la relance de mon métier de chanteur. Cependant, il n'aurait peut-être pas fallu que cela dure dix ans. Il n'était pas si facile que cela pour un Patrick Sébastien de remplir les salles, car les gens le voyaient sur leur écran tous les samedis soir…

Je sais que je ne suis pas un animateur de télévision. Avant tout, je suis chanteur, et ça se voit sur ma tête. Beaucoup de présentateurs se rêvaient artistes dans leur jeunesse, au même titre que les journalistes sportifs s'imaginaient footballeurs professionnels ou que la plupart des paroliers ont tenté une carrière d'interprètes quand ils avaient vingt ans. Sur un plan narcissique, il vaut mieux être chanteur, car c'est lui qui récolte tous les lauriers. Pour les droits d'auteur, c'est plus intéressant d'avoir écrit la chanson. L'idéal, c'est de faire comme Patrick Hernandez : pour le seul tube de sa carrière, il a tout empoché, dans le rôle d'auteur-compositeur-interprète-producteur-éditeur. Ou alors, il faut faire comme moi : être marié à son parolier.

Je ne me suis jamais pris pour ce que je ne suis pas, je crois, mais j'espère être un chanteur capable d'animer seul une émission TV. Sur scène, j'ai toujours considéré que l'humour est un élément d'une grande importance. Encore une fois, le bon Dieu m'a donné une voix, mais c'est au chanteur d'imaginer tout ce qu'on peut faire en plus pour divertir les gens. Des artistes comme des Michel Jonasz et Alain Souchon le font, mais beaucoup de chanteurs français suivent plutôt le modèle d'Édith Piaf.

Quand Tina Kieffer m'a proposé d'animer une émission, j'ai forcément douté, puis je me suis dit : *tu arrives à divertir le public sur scène, à mettre l'ambiance, donc pourquoi ne pas essayer à la télé…*

Des stars de l'animation comme Nagui ou Jean-Pierre Foucault ont ce quelque chose qui fait que les gens ne zappent jamais. À l'époque, mon manager Franck Thomas se promenait au milieu du public pour ressentir l'ambiance. Il m'a raconté qu'un soir, un couple voulait partir, mais leurs amis les en ont dissuadés :

— Restez, il a l'air marrant ce chanteur !

C'est un brin humiliant, et j'aurais peut-être préféré qu'on dise « quelle voix ! », mais bon… Je pense toujours que la capacité à faire rire ou sourire quand on est sur la scène est aussi importante que les illustrations dans certains vieux livres.

Quand je recevais la liste des invités, la production de *Du côté de chez Dave* me proposait des questions écrites. C'est peut-être discutable, mais j'ai toujours préféré préparer mes interviews moi-même. Je me méfie d'ailleurs des fiches Wikipédia, car n'importe qui peut modifier les informations et écrire des inepties. Sur ma propre page, il est par exemple inscrit que mon père s'appelle Hans, et il s'appelait Hendrik. J'ai repéré beaucoup d'erreurs sur l'ensemble de la fiche. Je sais que certains « fans » s'amusent à y introduire de faux renseignements…

Avant chaque émission, j'allais saluer les artistes dans la loge. Il me semble que c'est important ! Parfois, en entrant dans l'intimité de l'artiste, j'étais mal reçu – ce fut le cas avec Arno. Ce dernier avait la réputation d'être un ours. Contrairement à moi, il ne passait pas sa vie à essayer de plaire au monde. Quand je suis entré dans sa loge, il m'a demandé de façon assez brutale pourquoi je venais l'importuner. Comme je pense savoir prendre des pincettes avec des personnalités compliquées, je suis parvenu à rapidement éteindre l'incendie.

J'essayais de détendre mes invités au maximum. Certains artistes sont « coincés » dès qu'on leur donne un micro. Cela arrive même aux plus expérimentés. J'ai toujours trouvé Jacques Chirac très emprunté sur les plateaux, alors qu'il était si détendu dans la vie, lors de chacun de ses déplacements. Hubert-Félix Thiéfaine, très cool dans la loge, est ensuite refermé dans sa coquille de timidité… Les caméras inhibent complètement ce brillant auteur ! C'est difficile de faire parler un artiste qui est peu bavard… Comment font les journalistes sportifs ?

Pour que l'émission soit à mon image, j'espérais que mes invités aient le sourire et du second degré. Dans les sondages qualitatifs, France 3 recevait paraît-il ce genre de commentaires à mon égard : « *On le comprend de moins en moins, mais il est de plus en plus sympa.* »

Présenter *Du côté de chez Dave* n'a heureusement pas du tout desservi mon métier de chanteur. Au contraire, même : cela m'a permis de chanter en duo avec une grande star comme Michael Bublé. Pour moi, c'était inespéré. D'ailleurs, quand je l'ai proposé en réunion de production, mes collègues de l'émission se sont moqués de moi :

— Dave, tu rêves ou quoi ? Michael Bublé n'acceptera jamais de chanter avec toi !

Mais finalement, le crooner italo-canadien a aussitôt accepté !

Le descendant d'un Frank Sinatra ou Dean Martin a beaucoup d'humour. Dans sa loge, il m'a raconté comment il avait rencontré sa femme. Pour se moquer de lui, ses amis avaient fait croire à la demoiselle que Michael était gay et qu'elle n'avait donc aucune chance. Ça ne l'a pas empêché de la séduire ! Il m'a permis de raconter cette anecdote à l'antenne, mais il se pourrait que France 3 l'ait coupée au montage…

Nous avons improvisé un classique du jazz : *When I Fall in Love*. Presque les yeux dans les yeux, nous avons interprété cette chanson d'amour accoudés sur le piano, sous les yeux d'un Pierre Perret attendri…

Ce duo fait partie des bons moments dans ma vie, au même titre que ceux avec Petula Clark ou Salvatore Adamo.

Recevoir mes collègues chanteurs sur mon plateau, c'était très agréable.

Le jour de la première émission, je recevais notamment Yannick Noah. Dès mon arrivée sur le plateau, j'avais remarqué que mes invités avaient une attitude positive. Ils n'avaient aucune intention d'en découdre. C'était une jolie émission, sans polémique. Moi, j'avais un peu le trac, mais tout s'est déroulé idéalement pendant trois ans. J'étais évidemment déçu quand l'émission s'est arrêtée, pour des motifs que j'ignore.

Je n'ai jamais été véritablement accepté comme animateur TV. À la fois, ce métier est un danger, et il fallait peut-être que cela s'arrête. De toute façon, il y a une forme de jeunisme inévitable.

Désormais, j'anime l'émission *Vintage Show* sur TV Melody. Je reçois des invités plus jeunes que moi, afin d'explorer leur côté *vintage*. Je les interroge sur leurs goûts musicaux, leurs lectures, leur décoration d'intérieur… avec un petit côté « rétro » qui m'amuse. De la part des jeunes artistes, je sens du respect. Quant à moi, j'essaie de les faire rire ! C'était le cas avec Les Frangines, un groupe très agréable.

Présenter toutes ces émissions m'a permis de rester au contact de la jeune génération de chanteurs. J'ai toujours été attiré par les voix. J'aime quand elles touchent, quand elles véhiculent de l'émotion. J'aime beaucoup celle de Zaz, très rauque. J'apprécie aussi la voix de Slimane. J'aime les artistes qui chantent bien, avec un timbre différent, qui surprend. Avec mon oreille de chanteur, j'aime qu'une mélodie me surprenne. Une seule note peut suffire. Sinon, les musiciens appellent ça une chanson « téléphonée », parce qu'on la voit venir à l'avance.

Si je n'adhère pas au rap, je suppose que c'est parce que je suis vieux (mes parents ne supportaient pas le rock !). Certains rappeurs – j'en ai reçu à la télé sur France 3 – sont très sympathiques, mais l'absence de mélodies me gêne. Ce sont des *protest songs* à la française, et mon problème pour les apprécier est sûrement un problème générationnel.

Grand Corps malade est un homme d'une grande gentillesse, et j'ai beaucoup aimé et été très touché par son film, *Patients*. Cependant, si j'étais professeur de français, je ne le noterais pas mieux que 6/10. Pas à cause de son écriture, mais pour sa manière monotone de déclamer ses textes. Pourtant, il a bien raison de le faire ainsi, vu les résultats commerciaux ! Quand j'étais au lycée classique, en cours de poésie néerlandaise, je n'aurais jamais eu la moyenne si j'avais utilisé le ton qu'il emploie dans ses disques. Mais j'avoue que c'était il y a fort longtemps !

Aujourd'hui, un chanteur reçoit un disque d'or pour cinquante mille ventes. Incroyable ! Cela représente seulement 5 % du disque d'or des années 1970, qui était remis à un chanteur qui en vendait un million. À l'époque de *Vanina*, ils en vendaient quarante mille par jour.

À la télévision, j'ai eu d'autres expériences qui n'avaient rien à voir avec la musique.

Au début des années 2000, j'ai animé presque par hasard trois éditions de Domino Day avec Flavie Flament et Denis Brogniart. Ce dernier n'était pas aussi célèbre qu'aujourd'hui – c'étaient les débuts de Koh-Lanta. Comme l'émission était produite par Endemol et que cela se déroulait aux Pays-Bas, les responsables ont pensé qu'il serait de bon ton d'y emmener Dave ! Je jouais plus un rôle de commentateur sportif que d'intervieweur. C'est un autre métier. En 2002, j'ai aussi commenté (avec Stéphane Bern) le mariage du roi des Pays-Bas, Willem-Alexander, avec Máxima.

J'ai aussi été candidat dans l'émission *Le Meilleur Pâtissier*, sur M6. Là, quelle catastrophe ! Je me suis trompé dans l'indicateur de mesure de ma balance. Celle-ci était réglée en livres anglaises, alors que je pensais compter en grammes. Toutes mes pâtisseries étaient ratées : tarte Tatin, pièce montée, gâteau au chocolat.

Quand on signe avec la production, on jure sur l'honneur n'avoir jamais pratiqué la pâtisserie en professionnel. Avoir chanté pendant des années sur la terrasse des crêperies ne m'empêchait donc pas de participer ! Artus, lui, avait un peu menti, car il avait suivi des cours dans une école de pâtisserie. Effectivement, ses gâteaux étaient merveilleux, d'une beauté qui les rendait dignes d'être exposés dans les vitrines des plus grands magasins.

Les téléspectateurs pensent souvent que les artistes touchent beaucoup d'argent dès qu'ils apparaissent à la télévision. C'est faux... et c'est propre à la France. En Italie, même les figurants des émissions de variétés sont rémunérés pour cela. En France, on propose aux gens de venir gracieusement pour le plaisir de voir en vrai des vedettes.

Désormais, quand je suis invité à la télévision, soit je suis en promotion pour un disque ou pour un livre, soit je demande à être payé. Si on m'appelle pour chanter une énième fois *Vanina* ou *Du côté de chez Swann*, pour quelle raison ne me paierait-on pas ?

— Bonjour, Dave, pourriez-vous venir samedi soir dans nos studios pour interpréter *Du côté de chez Swann* et *Mon cœur est malade* ?

— Oui, bien sûr. À combien s'élève le cachet ?

— Ce n'est pas rémunéré.

— Et vous, monsieur, vous n'êtes pas payé ?

— Si.

— Alors pourquoi seriez-vous payé et pas moi ?

En résumé : à la télévision, tout le monde reçoit sa part du gâteau, sauf les stagiaires et les vedettes...

Récemment, je suis allé chanter *Du côté de chez Swann* dans l'émission de Jean-Luc Reichmann, *Les Douze Coups de midi*. Zéro euro !

Parfois, on est mieux traités, surtout quand l'émission est produite par un journaliste qui connaît la réalité du milieu artistique. C'est le cas de Laurent Ruquier. J'ai été plusieurs fois l'invité mystère de cette émission, mais j'ai toujours décliné l'offre d'en devenir le sociétaire. Je ne pense pas avoir la répartie ni la culture générale nécessaire. Puis, il faut éplucher les journaux tous les matins pour trouver les réponses…

Dans le show-biz, on est tous (moi compris) un peu paranoïaques et narcissiques. Quand une émission rassemble plusieurs chanteurs connus, chacun scrute l'autre pour savoir qui a la meilleure loge. À l'Olympia, plus on est connu, mieux on est placé dans la salle.

En 2020, j'ai participé à *Mask Singer* sur TF1. Cela fait partie des émissions où l'on est payé « honnêtement ». Il s'agit d'un véritable travail. Cela commence par enregistrer des chansons dans le studio de Levallois de Pierre Billon et Jean Mora. Interpréter des chansons qui ne sont pas de mon répertoire, ce qui est un job plutôt agréable. *Jailhouse Rock* d'Elvis Presley, *Rolling in the Deep* d'Adèle et *Ti amo* d'Umberto Tozzi. Si je n'avais pas été éliminé, j'aurais chanté avec joie *Haven't Met You Yet*, de Michael Bublé.

Ensuite, je devais choisir mon costume (de hibou), ce qui était amusant. Finalement, c'est quand le tournage de l'émission a commencé que c'est devenu moins intéressant.

Je me suis rendu compte que je ne pouvais pas en placer une. Pour un bavard comme moi, c'est frustrant !

Dès ma première chanson, tous les membres du jury m'ont reconnu ! La production a dû glisser qu'il fallait prolonger le suspense, alors ils ont fait semblant de ne pas savoir qui se cachait sous le costume du hibou. Cela ne m'a pas spécialement surpris : on peut ne pas aimer ma voix, mais il est difficile de ne pas la reconnaître...

J'avais pourtant chanté exprès en italien et en anglais pour tenter de changer mon timbre de voix...

L'année suivante, j'ai participé à Fort Boyard, présenté Olivier Minne, un excellent animateur, qui pratique le second degré. Je faisais équipe avec Jérémy Frérot, du duo Fréro Delavega. Je me suis bien amusé dans les épreuves, notamment celle où l'on doit passer sa tête dans un genre de vivarium, au milieu de tonnes d'insectes et de mouches. Cela ne me posait aucun problème, car j'apprécie les défis. Sauter dans le vide, « j'aime moins » – la peur de mourir à cause d'un problème technique ? –, mais je n'ai pas eu à le faire.

J'essaie de rester le même que dans la vie de tous les jours, mais la télévision est devenue d'une telle pudibonderie ! On a fait trois pas en arrière ! De nos jours, Coluche aurait du mal à être Coluche en direct. On ne peut plus rien dire. Au moindre écart, la production craint de se faire « gronder ». Pour éviter les dérapages, la plupart des émissions sont enregistrées. Le monteur de l'émission *Du côté de chez Dave* a dû s'arracher les cheveux en apprenant tout ce qu'on lui demandait de couper.

Je me souviens d'une émission avec Laurent Ruquier et Louane. La jeune chanteuse, très spontanée, s'exclame à mon propos :

— Mais qu'est-ce qu'il chante haut ! Je me demande comment tu fais !

— Je te montrerai après en coulisses…

— Dave, on ne peut plus dire des trucs comme ça, intervient Laurent Ruquier dans un éclat de rire dont il a le secret.

Je crois que cette séquence a été coupée au montage.

Il y a bien longtemps, j'avais été beaucoup plus trash dans une émission de deuxième partie de soirée, chez Ardisson :

— Dave, quel est le secret de ta voix ?

— Le sperme !

Évidemment, c'est faux. C'était de l'humour douteux, mais je savais que l'émission était diffusée vers minuit.

J'ai également présenté des émissions estivales de radio, sur Europe 1, avec Aline Afanoukoé. Un dur travail de préparation, mais que j'ai aimé faire.

On m'a aussi proposé de présenter la matinale de Radio Nostalgie, mais le PDG – qu'on surnommait « Oncle Picsou » – m'a proposé un salaire « discutable », alors qu'il me demandait de présenter une émission quotidienne, tous les matins à 6 heures !

La télévision m'a permis de rencontrer celui qui est devenu l'un de mes meilleurs amis : Marc-Olivier Fogiel.

Notre histoire est intimement liée à l'Eurovision.

Si vous m'autorisez un bref retour en arrière, j'aimerais d'abord vous raconter la fois où j'ai failli participer à l'Eurovision en tant que chanteur. C'était pendant ma première tournée en France, en 1969, en vedette « anglaise » de Nana Mouskouri.

À la demande de la production, j'ai participé à une émission de télé (néerlandaise donc) de sélection avec *Niets Gaat Zo Snel* (« Rien ne va aussi vite »), aux paroles écrites sur ma musique par un célèbre auteur au pays des tulipes, une sorte de Didier Barbelivien hollandais. Nous étions une douzaine de participants pour ce concours diffusé en direct, avec un jury chargé d'élire la meilleure chanson pour représenter les Pays-Bas. On a tendance à l'oublier, mais j'aimerais rappeler que l'Eurovision est officiellement un concours de chanson, pas d'interprétation. Je n'ai pas oublié qu'on me félicitait avant la fin, avant que je me fasse dépasser par… Lenny Kuhr ! La chanteuse hollandaise l'emportera donc en 1969, ex æquo avec la France (*Un jour, un enfant*, Frida Boccara), l'Angleterre et l'Espagne – quatre pays ex aequo, ce qui ne s'est plus jamais reproduit dans l'histoire du concours européen). Lenny a réussi une jolie carrière avec sa chanson *De troubadour*, et les Français ont pu la voir à Bobino en première partie de Georges Brassens, pendant deux semaines.

Dans mon enfance, le « Concours Eurovision de la chanson » était pour moi une sortie. Avec un père professeur d'anglais et une mère professeure de danse (ex-danseuse classique), la télévision était considérée comme un « objet populaire » ! Les gens intellectuels la jugeaient bêtifiante ! Même si le salaire de prof de mon père nous le permettait, nous n'avions donc pas de télévision à la maison. Pour la regarder, je me rendais dans le café du village. Tous les mardis, j'allais voir le film. J'avais la permission de 11 heures du soir. Le week-end, j'allais parfois regarder des émissions de variétés (et notamment l'Eurovision, que je ne ratais jamais).

Un jour, en 2001, je reçois un coup de téléphone de la directrice des programmes de France 3. Elle m'explique avoir proposé à Marc-Olivier Fogiel de présenter l'Eurovision à Copenhague. L'animateur avait accepté en disant :

— Oui, mais avec Dave !

Avant cette réponse surprenante, je connaissais à peine Marc-Olivier Fogiel. Comme beaucoup de téléspectateurs, je le considérais comme peu aimable et « limite agressif ». Je n'avais pas spécialement envie de participer à ses émissions. Si j'avais quand même accepté de me rendre à *T'empêches tout le monde de dormir*, c'est Christian Puech (qui s'occupait de la programmation de l'émission *Dansez maintenant*) qui m'a convaincu :

— Dave, tu te trompes sur le compte de Fogiel. Les gens pensent qu'il n'est pas sympa, c'est faux. Il est adorable. Je vous connais tous les deux et je sais que vous avez tout pour vous entendre…

Il m'avait raconté en plus que Marco aime beaucoup Georges Brassens, et je m'étais dit que quelqu'un qui aime Brassens ne peut pas être méchant.

Je me suis donc rendu à l'émission, et j'ai pris vraiment plaisir à notre échange. Comme d'habitude, j'ai fait (un peu ?) le mariole. Et c'est à la suite de notre rencontre que Marco a fait cette réponse à la directrice de programme de F3. Il souhaitait peut-être quelqu'un de « caustique » à ses côtés.

Notre travail dans le cadre du « Concours Eurovision de la chanson » est pour nous le début d'une grande amitié !

Nous avons assuré les commentaires pendant deux ans, au Danemark puis en Estonie. Après, on a décidé que Dave et Marc-Olivier Fogiel étaient indignes de présenter ce programme, probablement, entre autres, à cause de nos commentaires un brin corrosifs… Ils n'avaient peut-être pas tout à fait tort ! J'avais envie d'épater Marco, et lui n'avait pas besoin de grand-chose pour être lancé. On était donc (un peu trop ?) critiques, et cela a provoqué quelques scandales dont on me parle encore aujourd'hui.

Il faut rappeler que France 3 nous avait suggéré un ton décalé afin de « déringardiser » le concours de l'Eurovision. On a parfois quelque peu exagéré, comme la fois où on a dit, à propos de la chanteuse allemande, qu'elle ne savait pas que sa robe était moche (car elle était aveugle !). De même, nous avions commenté la perte de poids d'une chanteuse… On nous a accusés d'irrespect, mais on va dire que « c'était du quatrième degré ». Il est vrai qu'aujourd'hui, ça ne passerait pas…

Depuis, j'ai la prétention de dire que nos successeurs à la présentation de l'Eurovision sont dans la même lignée que nous, mais en version soft, avec juste un brin de causticité. (Avant nous, le meilleur présentateur français de cette émission de l'Eurovision côté second degré était à mon sens Olivier Minne.)

Marc-Olivier Fogiel est un journaliste sérieux, et ses fiches étaient soigneusement préparées. Moi, j'étais son acolyte, un clown chargé d'essayer de faire sourire avec lui les téléspectateurs grâce à nos réflexions déplacées sur les chanteurs et les chanteuses d'Europe…

Plus tard, nous avons présenté ensemble des émissions de fin d'année, à Noël. Nous enregistrions sur un camion, et plusieurs invités nous rejoignaient au fur et à mesure que nous nous arrêtions dans des points d'intérêt de Paris.

Quand j'écris que Marc-Olivier Fogiel est mon ami, cela signifie beaucoup, car on n'a que peu d'amis. Je suppose qu'il est la dernière personne avec qui j'ai tissé ce genre de lien, car plus on avance dans la vie, moins on en rencontre…

Même s'il est beaucoup plus jeune que moi, Marco est de très bon conseil. Par exemple, il nous a convaincus – Patrick et moi – de nous marier. À l'époque, nous étions seulement pacsés.

— Le PACS, ça n'a rien à voir avec le mariage. Le mariage protège beaucoup mieux celui qui reste, alors qu'est-ce qui vous empêche de le faire ?

Marco est un des hommes les plus généreux que je connaisse. Son image de « pitbull » – qui date du temps de ses émissions télévisées – est loin de la vérité, mais elle a une explication. C'était à cause de son intelligence ultra-rapide. En fait, avant même que son invité(e) n'ait terminé sa phrase, Fogiel l'avait compris(e). Alors il lui coupait la parole, peut-être un peu trop vite, pour garder le rythme soutenu de son émission (et éviter que les téléspectateurs ne changent de chaîne). Il passait pour quelqu'un d'impoli, alors que c'était simplement une question de professionnalisme.

Ma dernière interview pour lui, c'était sur son « divan », du nom de l'émission créée par Henry Chapier qu'il présentait sur France 3.

Je n'avais pas vraiment envie d'y participer, mais je ne peux rien refuser à un ami. (C'est une émission dans laquelle il faut beaucoup se livrer, voyez-vous…)

ÂGE TENDRE,
LA SAGA DES « VIEUX » CHANTEURS

Pendant de longues années, j'ai refusé de participer à ce rendez-vous de chanteurs et chanteuses d'un certain âge.

La première fois que Michel Habert, mon manager, en présence de Michel Algay, feu le producteur, m'a proposé d'envisager cette tournée, l'idée ne m'a pas plu du tout.

Je n'étais probablement pas encore prêt à m'avouer que seul, je n'arriverais plus à « remplir » les grandes salles.

Finalement, j'ai compris et accepté, et je ne l'ai pas regretté.

Nous chantions dans des Zénith, remplis matinée et soirée, c'est-à-dire jusqu'à dix, et même douze mille personnes par jour. Seul, je n'aurais jamais rencontré un tel succès. Depuis le passage au XXIe siècle, mille spectateurs, c'est déjà beaucoup pour moi. La promesse pour les Français de voir tous leurs chanteurs préférés des années 1960 et 1970 interpréter leurs quatre ou cinq plus grands tubes, c'était la garantie du succès. Aux États-Unis, ce genre de spectacle fonctionne depuis longtemps.

Nous avions tout le confort nécessaire : loges, éclairage et son parfait ! Puis surtout un orchestre avec des musiciens et des choristes sous la direction de Guy Mattéoni, celui même avec lequel j'ai fait mes disques (d'or !) dans les années 1970… Avec cinquante à soixante dates par saison, cela remplit bien l'année.

Après deux années avec Michel Algay, c'est le producteur Christophe Dechavanne qui a repris « l'affaire »…

J'ai eu un peu plus de mal à le convaincre qu'il me fallait une dizaine de minutes de plus que mes collègues chanteurs et chanteuses, pour la simple raison qu'en plus de mes succès des années 1970, je faisais l'amuseur/le clown avec une chanson à laquelle le public participe. Il m'a permis de le faire la première soirée, puis j'ai eu droit à mes trente-cinq minutes jusqu'à la fin de la tournée !

Ce n'était pas un caprice, mais une nécessité. J'avais besoin de temps entre les chansons pour faire sourire le public. Enchaîner les titres sans parler, ce n'est pas mon genre.

À la fin du spectacle, nous dédicacions tous des disques et/ou des photos pour le public. Dans toutes les villes de France, j'étais saisi de constater l'admiration, quasi religieuse, pour Sheila. C'était presque magique. Il faut dire qu'elle a vécu une vie hors du commun, étant une vedette de la chanson depuis 1962.

Malheureusement, *Âge tendre* s'est arrêté. Cependant, je suis certain qu'on pourrait relancer cette tournée. Si un producteur en avait le courage, je le suivrais sans hésiter.

Être sur scène avec mes confrères et consœurs, c'est très sympathique. À la cantine, comme pendant le tournage d'un film, on pouvait dîner et boire des verres ensemble. C'était agréable de côtoyer tous les soirs les collègues de ma génération. On se croise souvent sur les plateaux TV, mais on a rarement le temps de partager la scène de cette manière. (D'ailleurs, cela me rappelle le dernier concert de Robert Charlebois au Grand Rex. À l'entrée de la salle, on s'est retrouvés avec Souchon, Voulzy, Julien Clerc. Un peu comme des anciens combattants !

Le lendemain, j'ai dîné avec Charlebois, que je connais depuis 1969. À Montréal, au Québec, c'est une immense rock star. En France, les jeunes ne le connaissent plus, mais ses chansons sont restées.

La tournée *Âge tendre* m'a permis de découvrir Dick Rivers, loin des clichés qu'il véhiculait. À l'époque, il était de bon ton de se moquer de lui. Pour la plupart des Français, le classement des rockers est clairement établi :

1. Johnny Hallyday
2. Eddy Mitchell

Et c'est tout ! Hormis aux yeux de ses fans, Dick Rivers n'apparaît même pas dans ce classement...

Franchement, je l'ai beaucoup apprécié, et il était meilleur que ce que j'imaginais. *A posteriori*, je me suis demandé s'il ne savait pas déjà qu'il allait mourir.

C'était un rocker qui chantait aussi, comme les autres, de la variété, de la pop. Je pense qu'il a souffert du manque de reconnaissance de ses pairs, Johnny et Eddy.

Après coup, je me suis souvenu d'un dîner avec Marc Lavoine, un homme qui a beaucoup d'humour. Nous nous étions moqués de Dick Rivers, gratuitement et méchamment. Je le regrette beaucoup. Heureusement, il ne l'a jamais su. Mais je pense qu'il avait conscience des plaisanteries à son égard.

Entre le public et Dick, ça se passait bien. Il dégageait la même chose sur scène que dans la vie : un mélange de sincérité et d'intégrité qui touchait les gens. Les spectateurs connaissaient surtout ses chansons de variété comme *Nice, baie des anges*.

Je n'ai jamais vu Johnny ou Eddy chanter en duo avec Dick. Il n'était peut-être pas apprécié par les deux rockers. Johnny a toujours été le rocker n° 1. Puis Mitchell écrivait ses textes.

Et je n'oublie pas Hugues Aufray – dès qu'il apparaissait sur scène et entamait *Santiano*, les spectateurs se levaient et frappaient dans leurs mains. Célèbre pour sa musique depuis plus de soixante ans, il a en plus épousé une très belle femme deux fois plus jeune que lui en septembre 2023…

Cette tournée a aussi permis à des chanteurs oubliés de remonter sur scène, à l'image de Michel Orso, avec son seul tube *Angélique*, datant de 1966…

HISTOIRE D'UN TUBE – *DU CÔTÉ DE CHEZ SWANN*

Du côté de chez Swann, une de mes chansons les plus connues de l'année 1976 et très différente de *Dansez maintenant*. La mélodie a été composée par Michel Cywie, qui a également signé *Hurlevent* et *Tant qu'il y aura* cette année-là. Mais quand Patrick m'a proposé le texte, j'avais des doutes.

Patrick : Malgré tout, je me souviens que tu as très rapidement compris que les paroles sonnaient bien. Peu importaient les références. Cette chanson évoquait la nostalgie.

Tu te souviens de l'écriture ?

Oui. Je travaillais sur cette mélodie qui était arrivée chez CBS avec un autre texte, qui ne convenait pas à Jean-Jacques Souplet. Le titre en était Milady, *une sorte de pendant au* Milord *d'Édith Piaf. Elle racontait l'histoire d'une fille qui se prostituait dans un port. Son directeur artistique m'a demandé de prendre une tout autre direction. Au départ, j'étais assez coincé, car si je savais ce que je ne devais pas faire, je ne savais pas non plus où aller. Je me suis donc matraqué la mélodie, en oubliant l'histoire de Milady. Soudain, une petite lueur s'est allumée dans un coin de ma tête, et le fil s'est déroulé presque tout seul…*

Ton texte est vraiment très littéraire. Ce n'était pas mon style…

Oui, mais en même temps, le refrain est très entraînant, comme un air populaire.

J'étais inquiet, car on venait de sortir *Mon cœur est malade*, avec un texte beaucoup plus primaire. Là, on faisait allusion à Proust ! Le Hollandais que je suis, je l'avoue, n'a jamais vraiment pu apprécier *À la recherche du temps perdu…*

J'ai lu Proust, mais je ne suis pas le plus grand spécialiste de son œuvre. Je n'ai pas lu les sept tomes de la Recherche. *Je me suis arrêté au quatrième ou cinquième volume. J'aurais dû m'efforcer de tous les lire – ne serait-ce que par reconnaissance. J'ai relu plusieurs fois « Un Amour de Swann ». J'ai un souvenir très précis des trois premiers volumes, mais c'est tout. Peut-être qu'un jour, ça va me prendre… Si Dieu me prête vie, j'irai jusqu'au bout. Il faut tellement plonger dans cet univers pour s'imprégner de son écriture. Proust, c'est une immersion.*

Je n'y suis jamais parvenu. Je n'ai lu qu'un volume.

C'est déjà bien !

Le philosophe Raphaël Enthoven m'avait conseillé un ordre de lecture particulier, pour entrer dedans plus facilement.

C'est un très grand connaisseur.

Un Proustien !

En écrivant la chanson, j'avais des souvenirs de lecture, et surtout, l'idée de la nostalgie. Marcel Proust est entièrement tourné vers le passé. Moi, pas à ce point-là, mais je regarde beaucoup en arrière. Je suis toujours très surpris d'entendre des gens d'un certain âge dire « Oh, moi, ce qui m'importe, c'est l'instant présent et l'avenir ». L'avenir est un grand point d'interrogation. Je trouve ça très positif. Quand j'entends Line Renaud (née en 1928) dire « Je ne regarde jamais en arrière », je trouve ça dommage. On est le résultat de tout ce qu'on a vécu. De l'addition de nos actions, de nos rencontres, de nos voyages… Il ne me viendrait jamais à l'esprit de faire table rase du passé. Quand on déménage, je ne voyage jamais léger. Je suis très attaché à des courriers que j'ai toujours gardés. Je les consulte très rarement, mais cela me fait du bien de savoir que j'y ai accès facilement, quand je le souhaite.

La première fois que j'ai chanté *Du côté de chez Swann* en public, j'ai craint de faire un bide. C'était à Juan-les-Pins, pour la convention annuelle de CBS, ma maison de disques.

Tu n'avais pas si tort. En travaillant dans ce milieu, j'ai bien compris que les responsables commerciaux des maisons de disques n'ont qu'une référence : le succès précédent. Ils n'attendent que des copiés-collés ! Ils n'ont peut-être pas assez d'imagination pour comprendre si une nouvelle idée est bonne ou pas.

Mais finalement, j'ai fait un triomphe ce soir-là !

Nous avions la chance d'avoir Jean-Jacques Souplet. Il était un bon directeur artistique, car il savait prendre des risques. Avec lui, on n'était jamais dans la reproduction du quarante-cinq tours précédent.

Du côté de chez Swann a cartonné chez les disquaires, et j'ai senti un regard différent de l'opinion publique, et surtout du métier. Moi, le chanteur pour minettes, je suis même devenu n° 1 du hit-parade de France Inter ! Cela ne m'était pas arrivé avec mes quatre tubes précédents. J'y suis resté pendant de longues semaines : la classe ! Proust, cela parlait à leurs auditeurs intellectuels. La vente de mon premier album, après quatre quarante-cinq tours, a été une très grosse surprise, puisque les chanteurs de minettes ne vendaient que des singles ! Cela dit, les minettes qui me suivaient depuis mon premier disque chez CBS étaient un peu décontenancées…

Je n'en suis pas certain…

Cela m'arrivait de discuter avec quelques-unes d'entre elles à la sortie des galas, et elles me disaient : « *Mes parents aiment beaucoup* Swann, *mais nous, on aimait mieux avant…* »

Mais finalement, c'est ta chanson qui a le mieux traversé les époques.

En effet, *Swann* et *Vanina* sont encore aujourd'hui les deux chansons diffusées lors de chacun de mes passages à la radio.

EASY RIDER

En 1984, Patrick et moi avons vendu notre maison dans le Marais (trop tôt, malheureusement ; aujourd'hui, ça vaudrait un million et demi non pas de francs, mais d'euros…) pour rembourser mes dettes au fisc. Nous avons décidé de partir trois mois aux États-Unis, en camping-car.

C'est une manière de visiter les États-Unis peu coûteux et très pratique, car de nombreux campings y sont spécialement dédiés aux *motor-homes*. Quand on s'arrêtait la nuit, on branchait les tuyaux de sortie aux embouchures dédiées pour avoir de l'eau.

En longeant la frontière mexicaine, nous sommes restés le plus au sud possible afin d'éviter la neige et le verglas, puis nous avons fait un aller-retour : Los Angeles – La Nouvelle-Orléans – Los Angeles.

Dans cette zone, il y a peu de touristes en hiver, alors on discutait surtout avec des *senior citizens*, des retraités qui profitaient de la vie. C'était très convivial et on avait le temps. On écoutait les radios américaines, et parfois, quand j'avais un coup de cœur sur une chanson, Patrick s'amusait à l'adapter en français. J'avais flashé sur *Girls Just Wanna Have Fun*, de Cyndi Lauper, et *The Great Pretender*, des Platters, mais dans la version de Dolly Parton ! En français, la chanson de Patrick s'appelle « Mon regret le plus tendre », et je l'ai enregistrée dans l'album *Voyager*, en 1985. (Peut-être la reprendrai-je dans le spectacle-anniversaire de mes 80 ans…) Les adaptations de Patrick sont, comme d'habitude, excellentes ! Il est très doué pour trouver les sonorités appropriées…

Notre périple me faisait parfois penser au film *Easy Rider* de Peter Fonda, et cela m'inquiétait un peu. Un couple de garçons avec un chien relativement inoffensif… Il aurait pu nous arriver des misères. En vérité, on n'a jamais eu le moindre problème. Bien sûr, les gens ne pouvaient pas deviner qu'on dormait dans le même lit…

Pas de problèmes non plus avec la police. Au volant d'un *motor-home*, on peut difficilement dépasser la vitesse autorisée de cinquante-cinq miles. J'ai conduit d'un bout à l'autre du voyage. Patrick n'aime pas trop conduire. À Paris, il refuse de prendre la voiture. S'il roule, c'est dans le Vaucluse, pour faire quelques courses. Je conduis depuis tellement longtemps que pas grand-chose ne me fait peur… mais cela ne m'empêche pas d'avoir des accidents !

Le *motor-home* faisait six ou sept mètres de long. Il fallait le garer !

En trois mois, je n'ai jamais chanté. Je n'ai pas osé. Au milieu d'une soirée karaoké, cela m'aurait titillé… Trop peur de perdre face à des amateurs rodés à l'exercice.

Ado, je passais toutes mes vacances à chanter en Italie pour épater les copains. Ne plus être reconnu dans la rue, cela fait du bien de temps en temps. Important, pour se ressourcer, de redevenir un quidam parmi les quidams. Cela remet les choses à leur juste place. (Cela dit, il me suffit d'aller en Allemagne, où je suis totalement inconnu…)

En France, les enfants ne me connaissent quasiment plus. Ils ne regardent plus beaucoup les émissions de variétés à la télévision. Les jeunes ne s'intéressent plus qu'aux influenceuses et aux influenceurs. Les chanteurs et chanteuses de variété étaient un peu les influenceurs des années 1970. Beaucoup de filles s'habillaient comme Jeanne Mas, puis comme Mylène Farmer. Sylvie et Johnny étaient sans doute les plus grands influenceurs de l'histoire de France.

Ce road trip aux États-Unis était une manière différente de visiter un continent. Encore aujourd'hui, j'ai des souvenirs très forts dans de nombreux États. Il nous est arrivé de nous inviter nous-mêmes dans des soirées étudiantes. À Bâton-Rouge, en Louisiane, le mélange des cultures France/Amérique est très frappant. La Nouvelle-Orléans nous a laissé des souvenirs très précis : l'ambiance unique de cette ville franco-américaine, *Bourbon Street*, les bars de blues, le jazz, les *folk songs*. On a beaucoup apprécié La Nouvelle-Orléans !

Pendant ces trois mois, nous avons vécu dans un film. Devant ces paysages sublimes que l'on appelle les grands espaces américains, je me croyais dans *Travels with Charley*, le roman de John Steinbeck.

Depuis 1977 – sauf évidemment durant la période du confinement –, nous sommes allés en Californie tous les ans, afin de couper un peu l'hiver !

NOS CHIENS

J'ai toujours aimé les chiens. Je comprends ceux qui préfèrent les chats ou les poissons rouges – qui sait ? –, mais moi, je suis branché chiens. J'ai eu mon premier à l'âge de 7 ou 8 ans, et depuis, je n'ai que rarement vécu sans.

Quand nous avons quitté la Hollande en 1965, Joost et moi avions un chien sur le bateau. C'était une histoire rocambolesque : l'ancien propriétaire du bateau, un forgeron d'art, nous avait proposé un marché. Si on lui trouvait un vélo, il nous donnait un adorable petit chiot. Devant la gare centrale d'Amsterdam, on en a choisi un, parmi les dizaines accrochés aux balustrades des canaux par ceux qui voulaient se débarrasser de leur vélo. Et nous avons alors adopté Bard, un labrador un peu bâtard, dont le nom, en France, faisait penser à Assurancetourix d'Astérix. Aux Pays-Bas, Bard est un prénom de garçon. On trouvait mignon que notre chien ait à la fois un prénom hollandais et un qualificatif de troubadour.

Quand j'ai quitté le bateau, j'ai laissé Bard à mon ami Joost. Il m'était difficile de le laisser à l'hôtel tous les soirs pendant que je chantais à la crêperie.

Au début des années 1970, mon copain Charlie avait rapporté un petit griffon de Bretagne : on l'a appelé Buffy, en hommage à Buffy Sainte-Marie, une chanteuse folk d'origine « peau-rouge » (qu'on adore tous les deux) genre Joan Baez. Buffy ne supportait pas d'être seule. En rentrant du cinéma un soir, on a découvert notre plafond en lambeaux. Buffy avait tout arraché ! Malheureusement, elle s'est fait écraser sur le pont de Sully sous mes yeux. L'horreur.

Avec Patrick, nous avions en tête de prendre un chien, mais nous attendions d'être bien installés. Georges Moustaki vivait dans la même rue que nous, on était copains. Avant ses vacances en Grèce, je lui avais dit :

— Si tu passes par Corfou, va voir mon copain Joost qui vit sur le bateau avec sa fiancée Louise. Caresse mon vieux chien Bard de ma part.

Moustaki a fait mieux que ça. Découvrant que Bard avait fait un bébé avec Gwynevere, une chienne de Rhodes, il m'a rapporté celui-ci !

Moustaki l'avait baptisé Mangas : cela signifie « petit voyou » en grec. Mangas est immortalisé sur la pochette de mon premier Olympia.

Hélas, Mangas a seulement vécu sept ans… et c'est indirectement à cause de Michel Sardou.

Un soir à Bruxelles, après un concert au Forest National, j'ai croisé Sardou dans un restaurant. J'ai remarqué qu'il donnait des steaks à son chien, alors que j'avais pour habitude de nourrir Mangas avec des croquettes traditionnelles. J'ai pensé : les vedettes donnent des steaks à leurs animaux, je dois faire pareil !

J'ai donc changé l'alimentation de Mangas, qui est peut-être mort à cause de problèmes cardiaques dus à un excès de cholestérol… En effet, peu de temps après, Mangas est sorti de la salle de bains de notre fermette dans le Périgord et s'est étiré avant de mourir subitement, d'une crise cardiaque, probablement…

Nous avons alors fait le tour des fermes autour de notre maison, là où Mangas avait pour habitude de jouer avec des chiennes. Une fermière nous a assuré que Mangas avait copulé avec la sienne et que de leur union était né un adorable petit chiot : c'est ainsi que nous avons adopté Charly-Chien, le fils de Mangas, petit-fils de Bard.

À l'âge de 10 ans, Charly-Chien nous a été volé. On est allés jusqu'à consulter un voyant pour tenter de le localiser, mais la sorcellerie n'a pas été plus efficace que la police. Nous n'avons jamais su ce que le pauvre animal était devenu.

Ensuite, pendant une croisière en Martinique où Joost se trouvait avec le bateau, nous avons récupéré un nouveau chiot de Bard : Lucy. Il s'agissait de notre première chienne des îles.

Plus tard, nous avons accueilli Chance, une survivante réunionnaise, et enfin Clara, notre chienne actuelle, qui est guadeloupéenne.

Dans les îles, les chiens errants sont légion. J'ai remarqué que ni les Grecs, ni les Réunionnais, ni les Antillais ne les accueillent dans leurs maisons. Ils les laissent « en liberté », ce qui permet à certains pêcheurs réunionnais d'utiliser ces pauvres chiens comme appâts pour la chasse aux requins. C'est l'histoire de Chance, racontée par Patrick Loiseau dans *Ma chienne de vie*…

J'ai toujours eu un lien extrêmement fort avec ces animaux. J'ai lu pas mal de livres racontant l'histoire de chiens égarés puis retrouvés. Je me souviens d'un camionneur qui avait perdu son compagnon à quatre pattes à la frontière, et qui l'a finalement retrouvé le soir en rentrant chez lui. Les chiens retrouvent toujours leurs traces, c'est étonnant, voire prodigieux. J'ai l'habitude de parler avec les chiens. Les animaux ne nous contredisent jamais : et quel soutien affectueux ! Quand je me réveille avec un gros coup de cafard, notre chienne saute sur le lit et… soudainement, tout va bien !

Évidemment, il faut s'en occuper : faire « ses » courses, le ou la promener, etc. Ce n'est pas qu'une partie de plaisir, mais quel bonheur !

Un chiot, ce n'est pas un enfant (je ne suis pas complètement fou !). Mais je me suis occupé de mes chiens de la même façon, je crois, que les parents traitent leur bébé. Avec quelque part le même lien affectif, et la même attention : tous les deux ou trois jours, je cuisine pour Clara du poulet, puis des légumes. Il est important pour les animaux aussi de se nourrir de légumes : un chien est un omnivore, il ne mange pas que de la viande. Parfois, nous refusons même des rendez-vous ou des dîners le soir car nous ne voulons pas laisser Clara seule trop souvent. Je m'imagine que des parents font de même pour leurs enfants…

Je suis le parrain et le porte-parole du disque *Toutes nos bêtes sont à aimer*, aux éditions Marianne Mélodie. Quarante-huit chansons d'artistes de variété qui mettent les animaux à l'honneur. Les bénéfices sont reversés à l'association Stéphane Lamart, qui mène un combat sans relâche pour la cause animale. On retrouve dans cette compilation l'une de mes chansons des années 2000 : *Mademoiselle Lucy* (2006). Patrick avait écrit ces paroles en hommage à notre chienne Lucy :

Ton étoile s'étiole
Oh, ma luciole
Si elle s'éteint
J'verrai plus rien
Si demain tu m'laisses
Au bout de la laisse

Au coin de la rue
Je serai perdu
Mademoiselle Lucy
Ma chienne de vie
Sans nos balades
Je reste en rade
Dans mon cœur accro
Il y a tes crocs
Et pour toujours
Ta gueule d'amour

CONVERSATION MUSICALE AVEC PATRICK

Chapitre après chapitre, nous vous avons présenté mes six plus grands succès : *Trop beau*, *Vanina*, *Mon cœur est malade*, *Dansez maintenant*, *Du côté de chez Swann*, *Est-ce par hasard ?*

Je suis toujours comblé quand je retrouve mes chansons. Et toi, Patrick ? Quel rapport conserves-tu avec notre œuvre ?

C'est curieux, mais ces chansons-là ne m'appartiennent plus depuis longtemps… Dès que je te les confie pour l'enregistrement, c'est toi qui prends le relais et ce ne sont plus mes chansons. C'est à peine si j'ai conscience de les avoir écrites… J'entretiens avec elles un rapport distant.

Est-ce qu'il y en a une dont tu es plus fier que les autres ?

Est-ce par hasard ? *est plutôt bien écrite.*

C'est tout ?

Après, j'aime des chansons qui ne sont pas forcément devenues des tubes, comme Il n'y a pas de honte à être heureux, L'Année de l'amour, *ou, plus récemment,* Inséparés...

C'est vrai qu'une chanson comme *La Décision* est très importante sur scène : elle ne fait pas partie de nos cinq plus grands succès, mais elle est toujours très longuement applaudie. Cette mélodie a été inspirée d'un sextuor de cordes de Brahms, compositeur allemand du XIXe siècle. Lors d'un concert à Toulouse, cette année, une admiratrice belge m'en a longuement parlé.

Le succès de cette chanson, c'est qu'elle met la voix en valeur. Jean-Jacques Souplet avait reçu cette musique d'Allemagne et m'avait demandé une adaptation en français. Il voulait que cela s'appelle La Décision.

Ah, bon ? Il t'avait imposé le titre ?

Il me l'avait fortement suggéré.

Mais pourquoi ?

Je ne l'ai jamais su. C'était rare qu'il agisse ainsi. Je me suis dit : bon, c'est une figure imposée, l'idée ne vient pas de moi, mais je vais tenter de construire un texte qui s'articule autour de ça.

La note aiguë à la fin provoque presque à chaque fois la même réaction : le public applaudit debout. Elle arrive en quatrième position, et je sens qu'à partir de ce moment-là le public est « de mon côté »...

Pour mes 80 ans, à Paris, j'aimerais rechanter quelques chansons qui faisaient partie des albums d'or dans les années 1970. *Hurlevent, Tant qu'il y aura…*

Ah, oui, j'aime bien Tant qu'il y aura. *Je l'avais un peu oubliée, mais je la classe dans mes réussites. C'était une chanson écologiste. Cela faisait déjà partie de mes préoccupations. J'ai probablement toujours été écolo dans l'âme, alors ça allait de soi.*

Je suis fier de cette chanson, car tu as fait partie de ces auteurs en avance sur leur temps. Là, on n'était plus dans la chanson pour minettes, mais dans un texte à préoccupation environnementale. L'écologie n'était absolument pas à la mode. Comme tu étais végétarien, et que tu me parlais beaucoup de ces sujets, c'est toi qui as commencé à me sensibiliser à ces sujets. Tiens, Patrick, ce serait intéressant que tu expliques ta méthode de travail…

Quand un parolier écrit des adaptations, il est contraint de se matraquer la musique. Cela devient obsessionnel. Quand je travaillais sur une mélodie, j'y pensais continuellement. Je dormais avec un calepin sur ma table de chevet. Dans mon sommeil, la musique ne me lâchait pas, et il m'arrivait en pleine nuit de noter quelques bribes de phrases de peur de les avoir oubliées le matin.

Tu avais malgré tout un bureau, pour travailler…

J'ai toujours eu une pièce de travail. Cependant, je n'écrivais pas des chansons en m'installant à mon bureau. C'est surtout dans la rue que j'imaginais mes chansons. L'inspiration, c'est un bien grand mot. Mais quand l'idée me traverse la tête, il ne faut surtout pas la laisser partir. Je n'ai pas de méthode, mais celle qui consiste à marcher fonctionne bien. J'ai déjà entendu Alain Souchon dire la même chose. Pour les citadins que nous sommes, l'énergie de la ville a des effets stimulants.

Combien de temps t'a-t-il fallu pour écrire mes tubes ?

Il n'y a pas de règles. Certaines chansons s'écrivent très rapidement. À l'inverse, il m'est arrivé de peiner longuement sur d'autres. Sur le dernier album, une chanson s'appelle Sous quel arc-en-ciel. *J'ai passé des mois à élaborer ce texte ! Je savais où je voulais aller, mais ça ne venait pas. J'ai souvent laissé reposer.*

Tu n'as jamais écrit tes chansons en cinq minutes, comme prétendent certains paroliers…

Ceux qui disent ça, je ne les crois pas. Ou alors, c'est que les paroles ont peu d'importance ! J'ai du mal à croire qu'on puisse écrire « à la va-vite » un texte de chanson bien construit, avec chaque mot à sa place. Il faut se caler sur la métrique, s'adapter à la mélodie. En fait, quand on écrit une adaptation, on s'attache toujours à élaborer un texte phonétiquement correct. L'idée est de faire en sorte que ça sonne aussi français qu'un titre original.

Récemment, j'ai réécouté Une petite fille, *l'une des premières chansons de Claude Nougaro. Un chef-d'œuvre absolu. Les paroles sont d'une perfection ! Comment veux-tu qu'il ait écrit ça en cinq minutes ? Pour faire aussi bien, on peut toujours courir...*

Claude Nougaro est grandement sous-estimé aujourd'hui. Dans les grands auteurs français, on cite toujours Serge Gainsbourg – à raison –, mais Nougaro est au même niveau, à la fois comme auteur et comme interprète.

Même quand j'écris une chanson en un après-midi, j'aime revenir dessus un peu plus tard. Après le premier jet spontané, je me relis et je m'aperçois qu'un mot peut être remplacé par un autre. Le sens est exactement le même, mais c'est mieux dit. Il est bon de se laisser un peu de recul pour trouver la formulation idéale.

Malheureusement, tu n'as pas toujours eu autant de temps pour écrire mes chansons.

C'est le moins qu'on puisse dire. Dans les années 1970, j'écrivais entre deux galas. J'avais très peu de temps pour boucler les chansons. À la relecture, je me disais souvent : l'idée n'est pas mal, mais le texte demande plus de travail. Sauf que le disque était déjà enregistré... et vendu ! Dommage que je n'aie pas pu améliorer certaines formulations. C'est du détail. Mais dans une chanson, le détail fait tout. Le travail d'un parolier est l'art de la réduction. Dire les choses en un minimum de temps. Alors autant que chaque mot soit à sa place. Malheureusement, ça ne se vérifie pas dans toutes mes chansons. Certaines sont particulièrement imparfaites. Je le regrette... J'ai toujours des idées spontanées, mais la perfection exige une plus grande lenteur, qui, encore une fois, n'était pas adaptée à l'époque.

On faisait un disque d'or tous les six mois…

Et souvent, nous n'étions pas d'accord !

Parfois, Patrick pouvait travailler pendant des heures sur un texte. Ensuite, il me le montrait et je lui répondais que je n'aimais pas trop. Dur à encaisser, et ça pouvait provoquer des engueulades. Il n'est pas facile de travailler avec la personne avec qui l'on vit. Dire « non, c'est nul » à l'homme qu'on aime, c'est compliqué.

On s'est beaucoup disputés à propos des chansons. Souvent, il choisit les textes que j'aime le moins. En même temps, l'interprète a toujours raison. Dès l'instant où je lui ai forcé la main pour qu'il chante un morceau à contrecœur, le disque a été un échec. Ou alors, il fallait qu'un déclic finisse par se produire, que Dave réalise que ce morceau était fait pour lui, comme avec Dansez maintenant… *Sans ce déclic, c'était raté. Et cela nous fait un bon paquet de chansons ratées à notre actif… ou plutôt à notre passif !*

C'est le cas de tous les chanteurs…

Bien sûr, même un grand interprète comme Johnny Hallyday a chanté des titres à contrecœur. Que voulez-vous ? Il faut remplir les albums, donc sur les douze titres, tous ne peuvent pas être parfaits. Les chansons de remplissage sont inévitables. Mais Johnny chantait avec tellement de conviction qu'il insufflait sa force à tout !

Le problème, c'est que la chanson n'est pas seulement un art, mais aussi un commerce.

Souvent, en séance d'enregistrement, l'heure tourne, le parolier n'a plus le temps de modifier les deux ou trois mots qu'il faudrait…

De quelle chanson pourrait-on encore parler ? *Lettre à Hélène* ? Comment as-tu inventé cette histoire ?

Dans l'arrangement de la maquette, il y avait des sons qui m'évoquaient les cornemuses, les binious… Je suis donc parti dans cette direction.

Pas facile de trouver une rime à Hélène. À l'époque, tu m'avais juré avoir trouvé « Kerguelen » sans dictionnaire de rimes…

C'est exact. Kerguelen évoquait aussi la Bretagne, même s'il s'agit d'un archipel dans l'océan Indien. J'ai donc raconté cette situation absurde. À l'époque, aucune femme ne travaillait au CNRS. C'était donc une île d'hommes. J'ai imaginé une femme qui s'exilerait sur cette île. On m'a parfois reproché d'avoir travesti les faits en inventant cette histoire, mais un parolier n'est pas journaliste. J'écris de la poésie populaire, alors je peux raconter ce dont j'ai envie. Je ne suis tenu par aucune réalité concrète.

C'était une idée plutôt originale.

Je suis toujours content d'avoir une idée. Pour éviter le sempiternel « Je t'aime, tu es parti, reviens » des thématiques vues et revues quarante mille fois dans la variété française, de façon peu originale. Quand je pense tenir un angle nouveau pour raconter une histoire d'amour différente, j'y vais !

Et sans la mort de Claude François, je pense que *Lettre à Hélène* serait devenue un disque d'or.

MES LECTURES

J'avoue être catastrophé par le manque de qualité des paroles de la plupart des chansons aujourd'hui.

Ce matin, Patrick et moi avons écouté une chanson de Gilbert Bécaud. Aujourd'hui, plus grand-chose ne ressemble à ça dans la chanson française. Les grands textes n'existent plus guère. Ni dans le choix des mots, ni dans la façon de chanter. On tend vers la médiocrité. J'écoute cependant assez peu de nouveautés. À la radio, je me tourne vers le jazz, le classique ou les journaux d'information. À la maison, nous sommes branchés sur la liste de lecture de Patrick, qui contient plus de douze mille chansons.

Heureusement, les exceptions confirment la règle.

Je passe beaucoup de temps sur mon smartphone, mais cela ne m'empêche pas de soigner l'orthographe de mes « textos » ou de mes mails.

Les nouvelles générations ne lisent plus.

La lecture fait partie de mon quotidien. J'aurais du mal à vivre sans elle. Si je n'avais pas les livres, je serais en manque. Ma liste de lecture est toujours pleine : entre les recommandations des hebdos et les conseils des amis… on a toujours un nouveau bouquin à se mettre sous la dent…

Je lis de tout. La lecture est souvent une histoire de hasard, comme pour une rencontre. Je viens de tomber sur le dernier ouvrage de Stephen King, par exemple…

J'aime bien les livres de Pierre Lemaitre, des polars d'une cruauté exceptionnelle. Récemment, je viens de découvrir Mélissa Da Costa, et notamment le livre *Tout le bleu du ciel*, une histoire admirable, que je conseille notamment à toutes les femmes.

Ma période de science-fiction s'est un peu calmée, mais depuis l'âge de 15 ans, j'en ai beaucoup dévoré ! D'ailleurs, je suis pas mal angoissé quand je constate que beaucoup d'horreurs imaginées par certains auteurs dans leurs romans d'anticipation… se sont produites ! C'est à la fois stupéfiant et terrifiant, car ces auteurs sont des romanciers, pas des voyants ni des visionnaires. Du World Trade Center à la guerre en Ukraine, on a l'impression qu'on a tout lu avant. A. E. van Vogt a beaucoup écrit sur l'intelligence artificielle, dont on parle énormément depuis peu. Tout arrive au fur et à mesure ! Je me souviens d'un bouquin qui raconte le futur : l'évolution du vingt et unième siècle a vu un net retour en arrière, les voitures n'existent plus et des chevaux tirent de nouveau des charrettes. Peut-être cela se produira-t-il ? Je ne serai plus là pour le voir.

J'ai lu plusieurs fois la saga *Dune*, une série fantastique dans les deux sens du terme. En anglais et en hollandais – il y a parfois une légère différence entre les versions. Je lis dans trois langues, le français, l'anglais, et le hollandais. J'aime lire un livre dans sa langue d'écriture.

Je suis resté hollandais entre autres grâce à la littérature, notamment les œuvres de Cees Nooteboom, dont la plupart des livres ont été traduits en français, notamment *Philippe et les autres*. L'histoire d'un homme qui s'en va, quitte la ville d'Amsterdam des années 1950. Il a pu influencer mes premières fugues. Il est vrai que j'ai commencé à lire un peu trop jeune. J'aurais dû attendre quelques années pour me plonger dans certains classiques.

En vrac, quelques-unes de mes lectures marquantes : Dostoïevski, qui m'a appris beaucoup, notamment dans *L'Idiot* et *Les Frères Karamazov*, son dernier livre, puis Charles Dickens (*David Copperfield*, *Oliver Twist*). Un personnage qui m'a marqué : Uriah Heep (qui a même donné son nom à un groupe de rock anglais !).

Je me suis passionné pour des biographies et autobiographies, comme *La Vie de Disraeli* (le Premier ministre britannique sous la reine Victoria), d'André Maurois.

Entre mes périodes de romans, de biographies, d'autobiographies, de science-fiction ou de littérature hollandaise, tout cela depuis soixante-dix ans, j'ai rempli une sacrée bibliothèque !

Je lis beaucoup moins la presse qu'avant. Pendant des années, j'étais fidèle à *L'Express*, à l'époque de Raymond Aron. Désormais, Patrick achète surtout *Le Point*, et j'apprécie les éditos de Franz-Olivier Giesbert.

J'avoue être pas mal occupé par toutes les notifications que je reçois sur mon smartphone. J'y passe trop de temps. J'ai un peu honte de le reconnaître. Patrick est plus branché « papier » que moi.

La première chose que je fais le matin, c'est ouvrir mon application Boursorama, pour suivre le cours des actions.

Pendant les deux années de confinement, la bourse n'a pas souffert… au contraire. Depuis que j'ai des actions en bourse, cela a bien augmenté. Hormis quelques petits placements pour m'amuser, c'est la banque qui gère. Il y a sûrement des Français qui ouvrent leur téléphone pour suivre la messe (ou voir du porno ?!)… Moi, c'est pour la bourse !

Ensuite, j'ouvre mes mails et mon compte en banque, puis je sors le chien. Rien de très artistique !

À 9 h 02, je regarde Twitter en buvant mon expresso, pour consulter les audiences télévisées. Même si ça me concerne moins, cela m'intéresse de savoir qui a gagné, qui a perdu…

J'ai des comptes Facebook et Instagram, mais je m'en sers peu et uniquement pour « mater ». Je ne comprends pas les gens qui se plaignent sur Twitter. Pourquoi y allez-vous si vous trouvez ça nul ?

Je n'ai pas beaucoup d'amis sur Facebook…

C'est Françoise Hardy qui a convaincu Patrick d'acheter un ordinateur il y a bien vingt ans. C'est donc grâce à elle qu'on s'y est mis !

Je perds mon temps sur les réseaux sociaux, avec de jolies images de labradors, des goldens attendrissantes. Cela m'énerve un peu, ce sont à chaque fois des minutes gaspillées. Mais je me fais sans cesse avoir…

Le côté positif, c'est qu'on est plus au courant des conflits mondiaux, la guerre en Ukraine par exemple. C'est probablement important pour le peuple russe qui pourrait mieux s'informer.

Les militaires qui tuent pour un pays qui n'est pas le leur, on est au courant. On va mourir consciemment…

Internet aurait-il pu empêcher Hitler d'accéder au pouvoir en 1933 ou l'empêcher de déclencher cette folie meurtrière ? On ne le saura jamais, mais on est en droit de se poser la question.

Quand je regarde des photos de la guerre en Ukraine, je revois les clichés de la Seconde Guerre mondiale que j'avais découverts quand j'avais 15 ans. Jamais je n'aurais imaginé revoir ces monstruosités en Europe à l'âge de 78 ou 79 ans. Il est incroyable de réaliser que l'homme, en 2023, est toujours capable d'envahir un pays pour qu'il lui appartienne, et de tuer des gens pour y parvenir. Ça fait peur…

Je n'aime pas l'évolution de notre société, car en fait, il n'y en a aucune. Quand la technologie avance, l'homme recule. Dans les rues de Paris, c'est souvent sale partout, y compris dans le XVIe arrondissement et d'autres soi-disant beaux quartiers. C'est le seul avantage de ma perte d'odorat en janvier 2022 : je ne sens plus la puanteur ambiante…

Dans les squares et les parcs, on voit des ordures à trois mètres des corbeilles. Les gens pique-niquent et s'en vont. Est-ce le signe d'un manque d'éducation ? Est-ce français ? Je ne sais pas. On me certifie que les Pays-Bas, c'est plus propre, mais comme je suis parti depuis presque soixante ans… En tout cas, je me souviens de mes vacances en Italie. Les toilettes des stations-service italiennes étaient propres, et dès qu'on passait la frontière : beurk ! Pourtant, il s'agit de deux peuples catholiques avec un passé semblable.

Ramasser les crottes de chien, je le fais. C'est vrai qu'à l'époque, on n'avait pas cette idée. La première fois que j'ai vu un ami faire ça aux États-Unis, j'étais étonné ! On s'est vite habitués et c'est bien mieux ainsi.

Les incivilités sont probablement les signes d'une société qui va mal. Peut-être que nous vivons la fin d'une civilisation ?

Je comprends les voleurs, mais pas les violents. Il n'y a plus de limite dans l'agressivité.

Au lycée, la police est venue m'interroger car j'avais frimé auprès de mes camarades de classe, racontant que je fumais des joints. Mes racontars ont évidemment été rapportés à certains parents, qui ont appelé les autorités. Les policiers m'ont fouillé, puis j'ai eu droit à une interrogation « costaude »… J'ai pu expliquer que je chantais dans le milieu du jazz, et ils ont rapidement compris que je n'étais pas un dealer !

Ouf !

JE NE SUIS PAS UN BON ACTEUR

Je ne suis pas un bon acteur. Et cela ne date pas d'hier ! Mon père, qui était professeur d'anglais au lycée où j'étais élève, mettait en scène la pièce de théâtre de fin d'année. À la fin de la première journée de répétition, il m'a renvoyé sans ménagement.

— Va-t'en, tu n'as aucun talent d'acteur !

J'avais 15 ans. J'étais un peu surpris, mais il en fallait plus pour me vexer.

En 1981, j'ai été choisi pour jouer le rôle principal de la série télévisée *Dickie-Roi*, adaptée de l'œuvre de Françoise Mallet-Joris, une écrivaine belge, Prix Goncourt et très respectée. Marie-Paule Belle, que vous connaissez entre autres pour sa chanson *La Parisienne* (« Je ne suis pas parisienne, ça me gêne, ça me gêne »), avait composé la bande originale. Françoise Mallet-Joris, pour changer de ses romans très sérieux, avait imaginé l'histoire d'un chanteur de variétés déchu, et inventé le personnage de Dickie-Roi. Le sujet était la vedette et ses fans. Elle connaissait bien le *phénomène d'idole* via Marie-Paule Belle, qui avait beaucoup chanté en « vedette américaine » de Serge Lama !

Initialement, c'est Patrick Juvet qui devait tenir le rôle, mais ses chansons sont devenues des tubes « disco », entre autres aux États-Unis, et il s'est désisté. Comme j'avais peu de concerts au début des années 1980, j'étais trop content ! Je trouvais la tenue de la star un peu kitsch, un peu trop platine, genre la tenue du chanteur d'*Earth, Wind & Fire,* mais je me suis beaucoup amusé durant ce tournage qui a duré quatre mois. Le réalisateur, Guy Lefranc, était plutôt inquiet de tourner avec une vedette de la chanson. Il se demandait si je serais capable de retenir mon texte. J'ai appris les dialogues par cœur durant ma tournée qui précédait le tournage, un peu chaque jour. Cela m'a donné mon premier ulcère en gala à Montpellier et ça fait des souvenir…

À la fin du premier jour de tournage, le réalisateur s'est écrié :

— Dave, c'est formidable !

Naïvement, je pensais qu'il me considérait comme un bon acteur. En réalité, il était seulement soulagé car je n'avais pas de trous de mémoire…

Au moment où le téléfilm est sorti, en 1981, la France est passée de droite à gauche. François Mitterrand est devenu président de la République en lieu et place de Valéry Giscard d'Estaing. Le feuilleton s'est fait assassiner par la presse. *L'Express* a même écrit : « Chaque année, on devrait décerner le Prix Dickie-Roi pour le pire feuilleton de l'année. » C'est rude !

J'ai regretté de me rendre au cinéma pour la projection réservée à la presse. J'ai entendu les journalistes ricaner à chacune de mes scènes. Ce jour-là, j'ai compris que j'étais vraiment un piètre acteur. J'étais *tout* sauf formidable !

Daniel Auteuil est un ami honnête. Quand je lui ai montré *Dickie-Roi*, au bout d'un quart d'heure, il a littéralement glissé de son canapé sous la table basse. De rire ! Il me trouvait désopilant…

En 2013, le réalisateur belge Joël Franka a insisté pour que je tourne dans son film : *Une chanson pour ma mère*. J'avais pourtant été honnête.

— Je suis sûr de moi en tant que chanteur, mais franchement, je suis un mauvais acteur. Je suis le plus cher et le plus nul… Blague à part, je vous déconseille de m'engager.

— Ne vous inquiétez pas, je suis sûr que cela va très bien se passer.

J'ai donc joué mon propre rôle dans ce film. Quand je l'ai vu pour la première fois, je me trouvais pas mal. J'étais agréablement surpris. Joël Franka avait donc raison. Hélas, j'ai commis l'erreur de visionner le long-métrage une seconde fois, pour vérifier. Je n'aurais pas dû… En réalité, j'étais mauvais, une fois de plus…

Un jour, j'ai interrogé Daniel Auteuil.

— C'est quoi, être acteur ?

— Pour être acteur, il faut croire à ce que l'on dit et à ce que l'on fait. Bref, il faut de l'imagination !

Peu de temps après, je suis tombé sur une interview de Meryl Streep à la télé, qui disait exactement la même chose.

Et moi, dans *Une chanson pour ma mère*, je ne crois en rien ! Un exemple : dans une scène où je me fais kidnapper, le réalisateur m'a demandé de hurler de peur. Qu'est-ce que je hurle faux ! En criant, je savais que c'était dans un film et que personne ne me trancherait la gorge. Si je n'y crois pas, comment voulez-vous que le spectateur y croie ? Il faut être à fond. Quand je chante, j'y crois. Mais quand je joue, je fais semblant.

Ce n'est pas le même métier. On m'a dit que Gérard Depardieu raconte bien les chansons de Barbara sur scène, mais cela ne fait pas de lui un chanteur.

Dans *Dickie-Roi*, certains de mes collègues comédiens sont devenus connus quelques années plus tard : Jean Benguigui, Catherine Jacob, et feu Marion Game. Cette dernière jouait le rôle de ma fiancée. Au regard de la future star de *Scènes de ménage*, j'ai compris qu'elle me trouvait nul ! J'aurais aimé lui reparler un jour, mais je n'en ai jamais eu l'occasion. Son duo avec Gérard Hernandez sur M6 était savoureux.

Dickie-Roi a été diffusé partout dans le monde francophone, on m'en a parlé à Djibouti, en Jordanie ! En revanche, cela ne m'a pas ouvert les portes du Festival de Cannes…

SUR SCÈNE À 80 ANS

J'aimerais bien être sur scène pour fêter mes 80 ans, et j'aimerais bien encore enregistrer un album… Comme je ne suis pas certain d'être encore en vie le 4 mai 2044 pour fêter mes 100 ans, il ne faut pas trop tarder…

Je suis déjà un vieux chanteur, mais je ne m'imagine pas un instant arrêter de chanter et mettre fin à ma carrière. Chanter sur scène fait partie des meilleurs moments de ma vie. J'aime bien présenter des émissions de TV, mais ce n'est pas le même plaisir.

Avec une voix et des chansons, on a confiance en soi ! Quand on monte sur scène, même enrhumé, on « s'auto-guérit ». J'aimerais bien chanter jusqu'à la fin de ma vie.

Évidemment, je suis (un peu) lucide. Connaissez-vous des vieux chanteurs qui sortent des tubes ? Il existe une seule exception, et elle fait rêver : Henri Salvador. Pour autant que je sache, il est le seul artiste à avoir vendu plus d'un million d'albums à plus de 80 ans grâce au succès de *Jardin d'hiver*, co-écrit par Benjamin Biolay et Keren Ann.

Physiquement, mon modèle d'homme est sans aucun doute Hugues Aufray, qui, à 94 ans, a épousé Murielle…

En guise de conclusion, j'aimerais bien qu'on écrive « ouf » sur mon urne…

Pourquoi « ouf » ? Premièrement, parce que je serai probablement content que cela se termine. Par ailleurs, « ouf », en verlan « fou », me semble un bon résumé de ma vie…

Merci d'avance.

(Ça me rappelle ce que je disais toujours quand je faisais la manche, en espérant qu'on me donne un peu d'argent !)